JIAOYU ZHIKU DE
LILUN YANJIU YU JIANSHE CELüE

教育智库的
理论研究与建设策略

全守杰 著

江苏大学出版社
JIANGSU UNIVERSITY PRESS

镇 江

图书在版编目(CIP)数据

教育智库的理论研究与建设策略 / 全守杰著. — 镇
江 ：江苏大学出版社，2021.8
ISBN 978-7-5684-1659-7

Ⅰ. ①教… Ⅱ. ①全… Ⅲ. ①教育事业－研究－中国
Ⅳ. ①G52

中国版本图书馆 CIP 数据核字(2021)第 165816 号

教育智库的理论研究与建设策略
Jiaoyu Zhiku de Lilun Yanjiu yu Jianshe Celüe

著　　者/全守杰
责任编辑/张小琴
出版发行/江苏大学出版社
地　　址/江苏省镇江市梦溪园巷 30 号(邮编：212003)
电　　话/0511-84446464(传真)
网　　址/http：//press.ujs.edu.cn
排　　版/镇江市江东印刷有限责任公司
印　　刷/广东虎彩云印刷有限公司
开　　本/710 mm×1 000 mm　1/16
印　　张/11
字　　数/168 千字
版　　次/2021 年 8 月第 1 版
印　　次/2021 年 8 月第 1 次印刷
书　　号/ISBN 978-7-5684-1659-7
定　　价/48.00 元

如有印装质量问题请与本社营销部联系(电话：0511-84440882)

前 言

　　党的十八大以来，习近平总书记就加强智库建设多次作出重要论述，突出强调建设中国特色新型智库的重要性和紧迫性，进一步明确新形势下建设中国特色新型智库的目标、任务和要求。中共中央办公厅、国务院办公厅印发《关于加强中国特色新型智库建设的意见》，提出加强中国特色新型智库建设，建立健全决策咨询制度。教育部印发《中国特色新型高校智库建设推进计划》，旨在打造中国特色新型高校智库，为党和政府科学决策提供高水平智力支持。智库是一种相对稳定、独立的政策研究和咨询机构。教育智库是智库的一种特殊类型，它是可以为国家、地区教育领域的重大决策和改革发展提供思想、理论和行动策略的组织机构，在政府教育决策中发挥着重要的思想库作用。

　　作者在攻读博士后期间开始关注智库研究，对高校智库的类型与功能进行了相关研究，申报了江苏省教育科学规划项目"中国特色新型高校智库治理研究"并获得立项。在开展项目研究的过程中，对智库理论进行了梳理，重点开展对高校智库的研究，同时关注了党政教育智库与社会（民间）教育智库，逐渐深化了对教育智库的认识。因此，本书将前期的研究成果加以系统的整理和分析，同时深化对党政教育智库和民间教育智库的研究，一方面尝试在一定程度上丰富智库理论体系和现代教育治理理论体系；另一方面试图为中国特色新型教育智库建设的路径选择和扎实推进提供一些思路。

　　教育智库作为一种重要的智库类别，其主要围绕国家或地区战略、经济社会发展与教育之间的关系开展政策研究，从而为国家、地区教育领域的重大决策和改革发展提供思想、理论和行动策略。教育智库主要具有四种功能。第一，教育智库具有资政功能，既着眼于国家及地区教育的长远发展，也关注当前的重大教育改革问题，为国家及地区的教育事业发展出思想、出蓝图、出方案，为教育事业的改革和前进提供思想动力。第二，教育智库提供了多元利益群体的教育政策参与渠道。第三，教育智库为机构和民众投资提供咨询服务。第四，教育智库通常与海内外教育智库组织、非政府组织有着广泛的联系，具有交流合作平台的功能。教育智库可以分为三种类型：党政教育智库、社会教育智库和高校智库。教育智库具有七个方面的特征：相对独立性、非营利性、现实性、政治性、教育性、专业性和公正性。

本书在案例选择上，梳理了华东师范大学、江苏大学、新加坡国立大学、广东省教育研究院、韩国教育开发院、长江教育研究院、中国高等教育学会等国内外高校智库、党政教育智库、社会教育智库的建设状况，并进行了分析研究。在综合理论研究和案例分析的基础上，结合我国实际，提出了中国教育智库建设的建设策略：加强顶层设计，建立健全教育智库建设体系；提高队伍水平，增强客户服务能力；发挥平台作用，深化国内交流，积极开展国际对话。

目 录

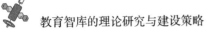

第三章 党政教育智库的运行与建设

第四章 社会教育智库的角色与行动

第五章　高校教育智库的运作模式与支持体系

第六章　中国教育智库的建设策略

第一章　绪论

　　智库又被称为智囊团、脑库、思想库等，它是能够为决策者提供专业思想、理论、方法和策略的组织机构。智库在决策咨询体系中发挥着重要的作用。从政府公共政策制定的角度来看，有效发挥智库功能有助于体现公共政策的科学性和民主化。教育智库作为智库的一种类型，其在教育政策的制定过程中发挥了思想库的作用。因此，当前理论界和实践界都对教育智库给予了高度关注。在此背景下，本研究拟对教育智库理论研究和建设策略进行探索。

第一节　问题提出与研究意义

一、研究问题的提出

　　党的十八大以来，习近平总书记就加强智库建设多次做出重要论述，突出强调建设中国特色新型智库的重要性和紧迫性，进一步明确新形势下建设中国特色新型智库的目标、任务和要求。中共中央办公厅、国务院办公厅印发《关于加强中国特色新型智库建设的意见》，提出加强中国特色新型智库建设，建立健全决策咨询制度；教育部印发《中国特色新型高校智库建设推进计划》，旨在打造中国特色新型高校智库，为党和政府科学决策提供高水平智力支持。一方面，关于智库本身的研究需要进一步拓展；另一方面，关于智库建设的实践也需要进一步探索与推进。因此，推进包括高校智库在内的教育智库研究是建设实践的诉求和理论建构的呼唤。

教育智库是智库的一种特殊类型，也是一种重要的智库类别，其主要围绕国家战略、经济社会发展与教育之间的关系开展研究，是为国家教育领域的重大决策和改革发展提供思想、理论和行动策略的组织机构。智库一般专注于公共政策研究，由各学科专家组成，为决策者处理经济、政治、文化、社会、军事、外交等方面的问题出谋划策，提供思想、理论、方法和策略等服务。高校智库属于教育智库，同时属于学术型智库。本研究致力于研究包括高校智库在内的教育智库，主要探讨其功能与类型、特征建设案例等。

随着我国政府对科学决策、民主决策的进一步重视，智库在我国党政决策中的作用更加凸显。智库的概念是在 20 世纪 60 年代提出的[①]。从智库的发展历程来看，一般认为西方发达国家的现代智库产生较早，如美国智库产生于 20 世纪初。在我国，战国时期的稷下学宫、汉代太学等机构已具有一定的资政服务功能。现今的教育智库数量繁多、类型多样，根据各自的组织定位发挥着独特的功能。教育智库作为层次和种类都较多的一种智库类型，仍然需要在理论上加以研究。构建一个教育智库的基本理论框架，使其理论逻辑一致、理论基础合理，能够指引教育智库建设，成为当前教育智库研究在理论和实践方面都亟待解决的问题。

本书尝试在梳理现有文献的基础上，从两个方面来构建研究内容：（1）找寻教育智库的理论基础，构建教育智库的一般理论；（2）选择教育智库案例，对案例进行深入解读与分析，为教育智库建设实践提供行动策略指引。

二、研究意义

如何依据智库的相关理论，厘清教育智库的一般理论，并通过案例研究揭示教育智库建设的行动策略，对深化教育智库理论研究和推进智库建设具有重要的理论价值和实践意义。

---

① 王志章. 日本智库发展经验及其对我国打造高端新型智库的启示［J］. 思想战线，2014（2）：144-151.

（一）理论价值

第一，丰富智库理论。无论是高校智库，还是非高校智库的教育智库，都是智库的重要类型。教育智库的理论研究对丰富智库理论具有重要的作用。第二，丰富教育治理理论。一方面，系统的中国特色新型高校智库研究是教育治理理论，特别是现代大学治理理论研究的细分领域；另一方面，非高校智库研究对丰富教育理论跨学科研究具有重要意义。因此，教育智库研究将为大学治理的研究者和实践者提供新的研究视角和探索领域，进而丰富教育治理理论。

（二）实践意义

第一，诊断教育智库建设现状，科学促进我国教育智库建设。研究教育智库案例，既为洞悉教育智库提供了"聚光灯"，也为诊断教育智库建设中各参与者的相互关系提供了立体式图景，进而推动中国特色新型教育智库建设的科学化、系统化。第二，助推教育深化改革，服务党和政府科学决策。开展中国特色新型教育智库研究，有助于推进教育领域治理体系和治理能力的现代化，提升国家软实力，使教育智库成为党和政府科学民主依法决策的有力助手，成为社会民众教育投资与选择的重要参考。

第二节　文献回顾与研究方法

智库的概念是在 20 世纪 60 年代提出的，近几十年来关于智库的研究逐步兴起，相关的研究文献也日益丰富。诸多关于智库研究的文献分为两个方面：一是智库理论的研究；二是智库建设的实践分析与探索。鉴于此，本书从上述两个方面进行文献梳理与回顾。

一、文献回顾

（一）智库的产生背景

智库理论方面的研究包括智库的产生背景。智库研究本质上属于知识政治学的范畴，其理论渊源可以追溯到古希腊亚里士多德关于"知识与权力"的论述，也出现在马克思"任何人和知识都无法存活于政治真空"的论断和韦伯关于"学术志业"与"政治志业"的思想之中①。而我国学者薛澜认为，智库兴起的经济社会发展背景是公共政策的科学化与民主化：随着社会经济文化和科技的进步，任何一个公共政策问题都涉及多方面的专业知识；现代公共政策问题的解决往往需要对多学科做深入研究，综合自然科学、社会科学与工程技术多方面的研究结果。随着各国经济社会的发展，政府的公共政策对公众福利的影响越来越大，公众对于公共政策知情权和参与权的要求越来越高②，即智库的产生背景首先是科技发展和经济社会文化发展变化的要求，变化的科技环境和社会文化环境使得公共政策问题变得更加复杂，由此需要多方面的专业知识。其次，当代公共政策涉及的领域非常多，诸如公共卫生、教育、社会保障与福利等，而这些问题都是涉及多学科的复杂的公共问题，需要进行多学科的研究。最后，在社会转型时期，公共政策的制定需要更加关注绝大多数公众的利益，特别是公众对公共政策的知情权与参与权需要得到更好的满足，以保障公平，同时兼顾效率。综上可知，学术界认为智库产生的背景包括科学技术发展、经济社会变迁等因素。

（二）智库研究的著作成果

智库的英文名称为"Think Tank"，也称为脑库、思想库、智囊团等。"思想库"是一种相对稳定且独立运作的政策研究和咨询机构。在西方国家，1971 年迪克逊（Dickson）出版了第一本介绍美国思想库形成与发展的著作③。近年来，我国学者也出版了不少关于智库研究的书籍（见表 1-1）。

表 1-1　中国学者出版智库研究的主要著述

作者	书名	出版社	出版年份
朱旭峰	中国思想库——政策过程中的影响力研究	清华大学出版社	2009 年

---

① 朱旭峰. 构建中国特色新型智库研究的理论框架 [J]. 中国行政管理，2014（5）：29-33.

② 薛澜. 智库热的冷思考：破解中国特色智库发展之道 [J]. 中国行政管理，2014（5）：6-10.

③ 朱旭峰. "思想库"研究：西方研究综述 [J]. 国外社会科学，2007（1）：60-69.

续表

作者	书名	出版社	出版年份
李建军，等	世界各国智库研究	人民出版社	2010 年
李凌	智库产业——演化机理与发展趋势	生活·读书·新知三联书店	2012 年
王佩亨，李国强，等	海外智库——世界主要国家智库考察报告	中国财政经济出版社	2014 年
王莉丽	智力资本——中国智库核心竞争力	中国人民大学出版社	2015 年
陈先才	台湾地区智库研究	九州出版社	2015 年
任晓	第五种权力——论智库	北京大学出版社	2015 年
郑永年，等	内部多元主义与中国新型智库建设	东方出版社	2016 年
周洪宇，潘启胜，万智，等	教育智库与教育治理研究丛书	湖北教育出版社	2016 年
杨阳	中东非阿拉伯国家智库研究	社会科学文献出版社	2017 年
张述存	地方高端智库建设研究	人民出版社	2017 年
张伟	智库能力评价与创新	中共中央党校出版社	2017 年
张伟	新型智库基本问题研究	中共中央党校出版社	2017 年
张伟，黄相怀	智库协同创新研究	中共中央党校出版社	2017 年
郑琦	中国民间智库发展研究	中共中央党校出版社	2017 年
黄振威	国外智库研究要览	中共中央党校出版社	2017 年
张伟，赖先进	中国特色新型智库研究概览	中共中央党校出版社	2017 年
石伟	智库建设法治化研究	中共中央党校出版社	2017 年
张新培	连接学术与政策——一流高校智库组织研究	上海交通大学出版社	2018 年
李传章，张青松	社会治理智库建设（北京市信访矛盾分析研究中心评估报告）	社会科学文献出版社	2018 年
刘文霞	智库时代——中国高等教育研究机构的战略建构与转型	科学出版社	2018 年
汪锋	我国高校智库——参与决策咨询的制度设计研究	武汉大学出版社	2019 年

续表

作者	书名	出版社	出版年份
周洪宇，刘大伟	中国教育智库评价 SFAI 研究报告（2019 年版）	中国社会科学出版社	2019 年
四川大学南亚研究所课题组	南亚智库研究	时事出版社	2019 年
赵超阳，魏俊峰	美军人工智能战略发展的智库策源研究	东方出版社	2021 年

由表 1-1 的智库研究著述可知，我国学者对智库开展的系统研究成果呈现逐年增长的趋势。研究成果既有专门的理论研究，如《中国思想库——政策过程中的影响力研究》研究，也有《世界各国智库研究》《海外智库——世界主要国家智库考察报告》等海外智库的案例考察。2016 年周洪宇等主编了《教育智库与教育治理研究丛书》，包括《智库的力量：长江教育研究院历年教育政策建议书（2009—2016 年）》、《智者的建言：长江教育研究院顾问专家国是建言集》、《智者的声音：长江教育研究院院内专家国是建言集》、《智库与治理：周洪宇国是建言》（上、下卷）、《智库的成长：长江教育研究院的探索之路（2006—2016 年）》、《智库的作用：以美国卡耐基教学促进基金会为例》、《大学新智库：以美国大学教育智库为例》、《国际思想库：国外教育智库研究》、《智库的转型：我国教育政策研究机构转型发展》、《新智库指数：中国教育发展指数、创新指数与绿色指数》，这标志着国内教育智库研究取得了阶段性的重要进展。此后涌现了《连接学术与政策——一流高校智库组织研究》《智库时代——中国高等教育研究机构的战略建构与转型》《我国高校智库——参与决策咨询的制度设计研究》等著述。由此可见，教育智库研究逐渐成为教育领域一个重要的热点研究课题。

总体而言，我国智库研究还处于发展的初步阶段，发展历程可以分为三个阶段：第一阶段为概念引进期（1961—2005 年），第二阶段为稳定积累期（2006—2012 年），第三阶段为快速增长期（2013—2016 年）[①]。具体来说，这三个阶段的历程是研究成果以介绍西方主要发达国家的智库为主，研究成果数量不多，呈缓慢增长趋势；研究成果数量不断提升，不仅有西

---

① 蔡万江，姜红，李艳杰. 中国智库研究可视化分析［J］. 重庆大学学报（社会科学版），2017，23（5）：60-67.

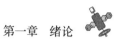

方发达国家智库的案例研究，而且有结合我国国情进行的针对性探索；国家政策大力支持中国特色新型智库建设，智库理论研究不断深化，扩展到理论基础、智库成果传播、智库评价体系等方面。

（三）智库研究高被引论文

智库研究是近年来的热点研究领域，检索中国知网（截至 2021 年 8 月 8 日）发现，在我国关于智库研究的期刊论文中，被引次数最多的 20 篇论文如表 1-2 所示。

表 1-2　智库研究高被引论文

作者	署名单位	篇名	期刊	被引次数
薛澜	清华大学	智库热的冷思考：破解中国特色智库发展之道	中国行政管理，2014（5）	211
王莉丽	清华大学	美国智库的"旋转门"机制	国际问题研究，2010（2）	188
上海社会科学院智库研究中心项目组	上海社会科学院	中国智库影响力的实证研究与政策建议	社会科学，2014（4）	183
朱旭峰	清华大学	构建中国特色新型智库研究的理论框架	中国行政管理，2014（5）	182
徐晓虎，陈圻	南京航空航天大学	中国智库的基本问题研究	学术论坛，2012，35（11）	143
胡鞍钢	清华大学	建设中国特色新型智库：实践与总结	上海行政学院学报，2014，15（2）	141
黄如花，李白杨，饶雪瑜	武汉大学	面向新型智库建设的知识服务：图书情报机构的新机遇	图书馆，2015（5）	139
张志强，苏娜	中国科学院	国际智库发展趋势特点与我国新型智库建设	智库理论与实践，2016，1（1）	137
文少保	西华师范大学	高校智库服务政府决策的逻辑起点、难点与策略——国家治理能力现代化的视角	中国高教研究，2015（1）	135
秦惠民，解水青	中国人民大学，青岛职业技术学院	我国高校智库建设相关问题及对策研究	中国高校科技，2014（4）	133

续表

作者	署名单位	篇名	期刊	被引次数
徐晓虎，陈圻	南京航空航天大学	智库发展历程及前景展望	中国科技论坛，2012（7）	119
许共城	厦门大学	欧美智库比较及对中国智库发展的启示	经济社会体制比较，2010（2）	118
李国强	国务院发展研究中心	对"加强中国特色新型智库建设"的认识和探索	中国行政管理，2014（5）	114
朱瑞博，刘芸	中国浦东干部学院，上海海事职业技术学院	智库影响力的国际经验与我国智库运行机制	重庆社会科学，2012（3）	111
王凤满	闽江学院	我国高校图书馆智库型服务体系研究	图书情报工作，2015（23）	108
李纲，李阳	武汉大学	情报视角下的智库建设研究	图书情报工作，2015（11）	105
陈英霞，刘昊	中国人民大学	美国一流高校智库人员配置与管理模式研究——以斯坦福大学胡佛研究所为例	比较教育研究，2014（2）	98
吴育良	浙江省社会科学院	国外智库信息服务的分析及启示	情报杂志，2015（2）	96
王健	上海社会科学院	论中国智库发展的现状、问题及改革重点	新疆师范大学学报（哲学社会科学版），2015，36（4）	95
陈升，孟漫	重庆大学	智库影响力及其影响机理研究——基于39个中国智库样本的实证研究	科学学研究，2015，33（9）	92

由表1-2可知，从高被引论文的产出机构来看，清华大学、武汉大学、中国人民大学、南京航空航天大学和上海社会科学院各有两篇及以上的高被引论文。由此可见，我国重点大学是智库研究最具影响力的研究机构，其中清华大学在20篇智库研究高被引论文中占了4篇，是高被引论文产出最多的机构。社会科学院作为党政智库，对智库研究也产生了重要影响，上海社会科学院是其中的典型代表。

1. 政治学与公共管理领域高被引智库研究论文及其主要研究内容

从高被引论文的研究学科领域来看，主要可以分为三类：一是聚焦于政治学与公共管理（侧重于公共政策）领域的智库研究，如表 1-3 所示；二是图书情报领域的智库研究，如表 1-3 所示；三是教育领域（侧重于高校）的智库研究。

表 1-3　政治学与公共管理领域高被引智库研究论文

作者	篇名	研究主题
薛澜	智库热的冷思考：破解中国特色智库发展之道	该文对智库热之后的智库问题进行了冷思考，提出智库具有三个主要职能，认为智库社会职能的发挥有赖于完善的政策分析市场的建立，并提出进一步加强智库建设的建议
朱旭峰	构建中国特色新型智库研究的理论框架	该文认为中国特色新型智库研究应坚持国际比较和本土研究并重，从宏观体制、中观模式和微观行动三个方面开展理论研究
徐晓虎，陈圻	中国智库的基本问题研究	该文给出了中国智库中各类型智库的准确数量，构建了智库竞争力评估体系，初步研究了中国智库的运行模式，提出研究智库问题的理论和方法；分析了当前中国智库发展存在的主要问题，并提出了对策建议
徐晓虎，陈圻	智库发展历程及前景展望	该文对智库的发展历程及智库研究工作进行了简要综述，提出智库是一种专门为公共政策和公共决策服务、开展公共政策和公共决策研究和咨询的社会组织，并对中国智库发展的主要特征、民间智库发展、加强智库人才队伍建设等进行了分析
王健	论中国智库发展的现状、问题及改革重点	该文认为现有智库在向新型智库的转型过程中，面临的主要问题是无法提供具有前瞻性和时效性的产品，缺乏合理的人才构成和内部分工，难以形成有效的政府、社会和国际影响力。为此，必须推进智库改革
李国强	对"加强中国特色新型智库建设"的认识和探索	该文认为中国智库显著区别于西方智库和中国古代智库，形成了官方智库和民间智库多元主体共存共发展的特色，并对中国特色新型智库的组织形式和管理方式进行了探索

续表

作者	篇名	研究主题
胡鞍钢	建设中国特色新型智库：实践与总结	该文认为中国特色新型智库除具备智库的共同特点外，还应具备"特""专""新""优"的鲜明特征，并以清华大学国情研究院作为案例进行分析
王莉丽	美国智库的"旋转门"机制	该文认为美国智库的"旋转门"机制使得知识与权力得到了最有效的结合
许共城	欧美智库比较及对中国智库发展的启示	该文梳理了以英、法、德三国为代表的欧洲智库及美国智库的发展概况，在比较分析欧美智库的基础上提出对中国智库发展的建议
张志强，苏娜	国际智库发展趋势特点与我国新型智库建设	该文认为国际一流智库具有鲜明的特点，建设中国特色新型智库，既需要结合中国国情，也需要学习借鉴其他国家的经验，并在此基础上提出对建设中国特色新型智库的建议
朱瑞博，刘芸	智库影响力的国际经验与我国智库运行机制	该文认为智库的生命力和价值在于其影响力，通过考察欧美等国家智库参与社会重大决策中的实践，基于政策网络理论构建了一个分析智库影响力的传递渠道和形成机制的综合性框架
李凌	中国智库影响力的实证研究与政策建议	该文采用基于调查问卷的主观评价法，分别就中国智库的综合影响力、系统内影响力和专业影响力三个层面进行评价与排名
陈升，孟漫	智库影响力及其影响机理研究——基于39个中国智库样本的实证研究	该文根据智库影响对象的不同将智库影响力划分为政策影响力、学术影响力及社会影响力三个维度，选取了中国的39个智库作为样本，对其影响力进行了测算

我国高被引智库研究论文研究最活跃、最有影响力的领域是政治学与公共管理（公共政策），该领域的主要研究议题包括对我国智库的基本历程、基本理论问题、建设现状进行研究和反思，探讨进一步推进智库建设的路径，对我国智库的影响力进行实证研究，分析国外的智库发展经验与发展机制，从而为我国智库建设提出启示、建议等。

（1）关于我国智库的基本历程、基本理论及反思的研究。徐晓虎和陈圻认为，智库是指一种专门为公共政策和公共决策服务，开展公共政策和公共决策研究和咨询的社会组织，是信息时代和知识经济时代产生的一种崭新的社会组织，在全球范围内将实现较快发展；中国智库迅速成长，官方智库公信力的明显提升和民间智库的迅猛发展，是中国今后一段时期智库发展的主要特征①。他们也提出了智库的生产原料是知识、信息和数据，知识流的周转所制造的产品也是知识和建议的观点，认为"当前中国智库发展表现出两个特点：一是官方智库（包括半官方智库）占据主流地位，且对政府决策起到重要的辅助作用；二是民间智库快速成长，近年来已经获得了一定的话语权。中国智库近年来的发展是迅速的，官方智库基本实现了国家、省、市三级的全覆盖，高校智库的影响力明显增强。智库对于知识的获取、共享、研究、创造、传播以及应用的能力是体现智库核心竞争力的最重要的因素，它与普通咨询公司的本质区别在于服务对象不一样，智库的服务对象是政府和公众，普通咨询公司的服务对象是企业和个人"②。朱旭峰则从三个方面提出了开展中国特色新型智库理论研究的方法。他认为应坚持国际比较和本土研究并重，从宏观体制、中观模式和微观行动三个方面开展理论研究，重点关注中国智库、决策咨询制度和中国政策决策体系的内在关联，比较不同区域和不同类型智库在发展模式上的异同，明确中国特色新型智库的组织定位，通过研究完善内部治理结构、提升研究方法和政策分析能力③。薛澜则对智库热之后的智库问题进行了冷思考，他认为在中国现阶段的发展过程中，智库具有三个主要职能，即理性决策的外脑、多元政策参与渠道、决策冲突的理性辨析平台。智库社会职能的发挥有赖于完善的"政策分析市场"的建立。他提出应加强政府内部公共政策的研究能力，增强对高质量政策研究的需求；减少政策研究禁区，增强社会脱敏能力，为政府调整政策提供更广阔的空间；推进数据信息公开，加强政策研究投入，提供公平的政策研究市场环境；深化改革，加快建设一批具有中国特色的一流智库④。

---

① 徐晓虎，陈圻．智库发展历程及前景展望［J］．中国科技论坛，2012（7）：63-68.
② 徐晓虎，陈圻．中国智库的基本问题研究［J］．学术论坛，2012，35（11）：178-184.
③ 朱旭峰．构建中国特色新型智库研究的理论框架［J］．中国行政管理，2014（5）：29-33.
④ 薛澜．智库热的冷思考：破解中国特色智库发展之道［J］．中国行政管理，2014（5）：6-10.

（2）中国特色新型智库建设现状研究。当前的中国特色新型智库与西方智库、中国古代智库有着显著的不同。有研究认为，从智库体系特色上看，中国特色新型智库建设已经形成了官方智库和民间智库多元主体共存共发展的特色，积极探索中国特色新型智库的组织形式和管理方式，需要处理好官办性与民间性、政治性与独立性、单一性与多元性等多方面的关系，采取有效措施引导各类智库有序高效地参与决策咨询，为提升国家软实力和国家治理能力提供智力支持①。有研究认为，我国智库数量增加迅速，总量排世界第二位，有影响力的智库主要集聚在北京、上海等政治和经济中心，大多是综合型智库且主要聚焦国家战略，整体而言中国智库还需要进一步地提高影响力和质量。因此，必须从以下方面推进重点改革：制定相关的法律法规，确保智库建设有法可依，有序推进；在确保政治方向正确的前提下，努力提升智库研究成果的独立性；创新智库内部管理体制机制；加强研究成果向决策咨询的转化效率，增强智库的影响力；增强我国智库的国际话语权和公共外交功能；政府应积极为智库转型创造良好的外部环境，善于整合利用智库的研究成果和政策建议②。有研究认为，中国特色新型智库除具备智库的共同特点外，还应具备"特""专""新""优"的鲜明特征。清华大学国情研究院的智库建设是中国特色新型智库建设的一个缩影，其建设思路和实践可总结为：从中国特色、高校品牌和世界一流的目标定位出发，坚持基础研究与政策研究相结合、决策咨询与教书育人相结合，推进文化建设、团队建设、平台建设和机制建设③。

（3）中国智库影响力的相关研究。我国学术界普遍认为中国特色新型智库建设取得了显著的成效，也有部分研究指出了建设中存在的问题。我国智库建设的成效如何，特别是它们的影响力如何，则需要开展调查研究。上海社会科学院智库研究中心项目组李凌等采用基于调查问卷的主观评价法，分别从中国智库的综合影响力、系统内影响力和专业影响力三个层面

---

① 李国强. 对"加强中国特色新型智库建设"的认识和探索［J］. 中国行政管理，2014（5）：16-19.

② 王健. 论中国智库发展的现状、问题及改革重点［J］. 新疆师范大学学报（哲学社会科学版），2015，36（4）：29-34.

③ 胡鞍钢. 建设中国特色新型智库：实践与总结［J］. 上海行政学院学报，2014，15（2）：4-11.

对中国智库进行了评价与排名，以期更加全面、科学、准确地观察和评价中国智库发展的现状、特点及趋势。李凌指出，在未来的发展中，既要发挥各级各类智库的能动作用，实现体制机制创新；又要强化政府的引导以及对决策咨询的支持作用，为智库发展创造良好氛围①。也有研究根据智库影响对象的不同，将智库影响力划分为政策影响力、学术影响力及社会影响力三个维度，选取了中国39家智库作为样本，对其影响力进行了测算，并实证分析智库规模与智库影响力的关系，以及智库性质变量的调节效应与智库产出的中介效应。结果表明，智库规模对智库影响力有显著影响，智库产出对智库规模与智库影响力的中介效应显著，智库性质对智库规模和智库影响力没有直接的调节效应②。

（4）对国外智库的研究。从现代智库的兴起来看，学术界一般认为现代智库兴起于西方发达国家。因此，对国外智库的研究是我国学者关注的一个重要课题。王莉丽认为美国智库的"旋转门"机制使得知识与权力得到了最有效的结合，不但使美国政治保持了活力和有效性，也使智库成为政府培养和储备人才的港湾，对美国公共政策和社会思潮乃至世界政治和经济都发挥着重要作用③。我国学术界在对美国智库进行研究的同时，也对英、法、德等国的智库开展了研究。许共城梳理了以英、法、德三国为代表的欧洲智库及美国智库的发展概况，并对欧美智库的特点进行了比较，认为我国"要大力推进民间智库建设，理顺智库与政府的正确关系；要加强智库专业化建设，完善管理体制；要努力构建智库市场化运作体制，应对市场变化；要创造智库好产品，积极宣传推广"④。朱瑞博和刘芸通过考察欧美国家智库参与社会重大决策中的实践，基于政策网络理论构建了一个分析智库影响力的传递渠道和形成机制的综合性框架，在对制约我国智库发展的主要制度障碍和问题分析的基础上，提出了加快我国智库发展的

① 上海社会科学院智库研究中心项目组. 中国智库影响力的实证研究与政策建议［J］. 社会科学，2014（4）：4-21.

② 陈升，孟漫. 智库影响力及其影响机理研究：基于39个中国智库样本的实证研究［J］. 科学学研究，2015，33（9）：1305-1312.

③ 王莉丽. 美国智库的"旋转门"机制［J］. 国际问题研究，2010（2）：13-18.

④ 许共城. 欧美智库比较及对中国智库发展的启示［J］. 经济社会体制比较，2010（2）：77-83.

体制机制创新策略：健全和完善伴随公共决策全过程的智库专家咨询的法定程序，完善智库多元化的资金筹措机制，健全信息披露和共享制度，大力推动民间智库的健康发展，形成多种智库协调发展和优势互补的共生机制，建立智库创新成果的社会评审机制和绩效考核制度，发挥智库对社会舆论的引导功能，建立和完善公共决策过程中公民参与的利益表达和公众利益均衡机制①。推进中国特色新型智库建设需要将中国国情与学习借鉴其他国家的经验结合起来，已经成为大多数研究者的共识。有研究指出，国际一流智库具有鲜明的特点，包括政策实用主义的明确定位、标榜独立性与客观性的标签化特色、理事会化的组织管理机制、独特的人才队伍组织与流动机制、追求高质量成果产出与影响力的价值观、基于数据信息与工具方法的政策创新研究、强化政策与社会影响力的宣传和营销方式、国际化网络型智库建设发展动向等；中国特色新型智库应建立和完善制度安排、建立沟通和成果报送机制、培养智库型研究人才、建立新型智库治理机制、建立智库科学评价体系、促进国际化网络型智库发展②。

综合政治学与公共管理（公共政策）领域的智库研究可知，智库研究是政治学研究、公共政策研究的重要构成部分。智库为政府部门出理论、出思想、出方案，助力于政府决策的科学化与民主化，是政府部门的思想库。因此，推进中国特色新型智库建设要建立健全决策咨询体系，广开言路；建立健全智库建设体系，让党政智库、社会（民间）智库和高校智库等不同类型的智库分类发展。同时，在中国国情的基础上，可以借鉴国外智库的建设与发展经验。

2. 图书情报领域高被引智库研究论文及其主要研究内容

从表1-4可知，图书情报领域高被引智库研究论文主要从以下几方面进行探讨：图书情报机构与智库之间的关系，图书情报机构对智库建设的支撑作用，国外知名智库信息资源建设、信息服务内容、信息服务策略等。

---

① 朱瑞博，刘芸. 智库影响力的国际经验与我国智库运行机制 [J]. 重庆社会科学，2012（3）：110-116.

② 张志强，苏娜. 国际智库发展趋势特点与我国新型智库建设 [J]. 智库理论与实践，2016，1（1）：9-23.

表1-4　图书情报领域高被引智库研究论文

作者	篇名	研究主题
黄如花，李白杨，饶雪瑜	面向新型智库建设的知识服务：图书情报机构的新机遇	该文认为图书情报机构作为存储和传播知识的媒介，在新型智库建设中迎来了新的机遇，能为新型智库建设提供多种服务
王凤满	我国高校图书馆智库型服务体系研究	该文分析高校管理层、高校科研团队、当地政府部门以及企业等的智库型服务需求，构建高校图书馆智库型服务体系，并从避免"学术化"、建设服务队伍、提升服务品牌影响力等方面提出高校图书馆智库型服务的建议
李纲，李阳	情报视角下的智库建设研究	该文通过对大量文献的调研，以"服务决策"为主线，主要从机构关系、外在条件、内在机能、学科关联四个方面探讨情报与智库建设
吴育良	国外智库信息服务的分析及启示	该文通过对国外知名智库信息资源建设、信息服务内容、信息服务策略等方面的介绍和分析，构建智库决策研究支持信息的服务集成体系

由表1-4可知，图书情报领域高被引智库研究论文主要开展以下研究。

（1）图书情报机构对智库建设的服务与支持研究。有研究认为，新型智库的基础资源是知识资源，图书情报机构作为存储和传播知识的媒介，服务新型智库的五种基本途径为"直接提供智库服务、知识咨询服务、情报技术支持、信息计量服务与智库成果复用"[①]。有研究在对我国高校图书馆开展智库型服务现状进行总结和分析的基础上，针对其存在的不足，分析高校管理层、高校科研团队、当地政府部门以及企业等的智库型服务需求，构建高校图书馆智库型服务体系，并从避免"学术化"、建设服务队伍、提升服务品牌影响力等方面对高校图书馆开展智库型服务提出建议[②]。

（2）图书情报机构与智库的关系研究。李纲与李阳通过对大量文献的调研，以"服务决策"为主线，从机构关系、外在条件、内在机能、学科

① 黄如花，李白杨，饶雪瑜. 面向新型智库建设的知识服务：图书情报机构的新机遇［J］. 图书馆，2015（5）：6-9.

② 王凤满. 我国高校图书馆智库型服务体系研究［J］. 图书情报工作，2015（23）：45-50.

关联四个方面探讨了情报与智库建设，发现"智库与情报机构是合作双赢的关系；智库以优质的情报资源作为支撑，智库的数据支持与情报保障能力尤为重要；情报失察影响智库的内在机能；情报学是智库建设的重要支撑学科之一，情报学与'智库学'有紧密联系"①。

（3）国外知名智库信息资源建设与信息服务研究。有研究者通过对国外知名智库进行研究，发现国外智库的信息服务具有多元化的信息资源建设、多样化的信息服务内容、灵活的信息服务等特点，在此基础上提出"中国特色新型智库信息服务部门应从智库决策研究信息支持保障机制、智库决策研究信息支持集成平台建设、智库决策研究信息支持协同创新、智库决策研究信息支持服务成效评估指标体系四个方面来构建智库决策研究支持信息的服务集成"②。

综合图书情报领域高被引智库研究论文的主要研究成果可知，图书情报机构自身就是一个智库组织，可以为相关部门提供信息咨询服务。同时，图书情报机构更多的是为智库建设提供信息资源服务，从而服务于智库基于知识资源的知识生产工作。

3. 教育领域高被引智库研究论文及其主要研究内容

从表1-5可知，教育领域高被引智库研究论文主要包括高校智库的优势与组织管理体制、国外高校智库研究。

表1-5　教育领域高被引智库研究论文

作者	篇名	研究主题
文少保	高校智库服务政府决策的逻辑起点、难点与策略——国家治理能力现代化的视角	该文认为高校智库服务政府决策，有利于完善我国决策咨询制度，推动国家治理体系和治理能力现代化。但我国高校智库在改善组织管理体制方面面临一些障碍，且运行机制也较为滞后。因此，我国高校智库应在组织管理体制和运行机制方面进行创新

① 李纲，李阳. 情报视角下的智库建设研究［J］. 图书情报工作，2015（11）：36-41，61.
② 吴育良. 国外智库信息服务的分析及启示［J］. 情报杂志，2015（2）：188-193.

续表

作者	篇名	研究主题
秦惠民，解水青	我国高校智库建设相关问题及对策研究	该文认为高校智库已成为我国智库建设的一股重要力量，我国高校智库具有官方智库和民间智库所不具备的独特优势，但也存在智库成果的决策贡献率低、社会影响力不强等问题。应对高校智库建设进行系统规划设计，最大限度地发挥高校智库所蕴含的优势和特色，同时有效规避可能产生的新问题
陈英霞，刘昊	美国一流高校智库人员配置与管理模式研究——以斯坦福大学胡佛研究所为例	该文认为胡佛研究所隶属于斯坦福大学，是世界知名的高校智库。其采用灵活多样的聘任模式和组织方式确保研究质量和影响力，通过研究所和大学其他院系之间良性运转的"内部旋转门"，促使自己的强势研究领域与斯坦福大学优势学科相互支撑，从而实现研究所和大学的双赢

（1）高校智库的优势与组织管理体制的研究。文少保认为："高校智库的真正价值在于成为政府决策的'建言者'、政策效果的'评估者'和社会舆论的'引导者'，但是当前高校智库研究的供给和需求严重脱节；高校智库内部管理体制封闭保守，开放程度较低；政策研究资金困难，研究经费资助渠道单一；研究成果转化缺乏经营理念，知识传播效果不理想；政策研究的评价机制老套，缺乏多元化评价制度。因此，高校智库建设应以'思想市场'建设为目标，构建科学合理的公共决策机制；以改革发展为动力，创新组织管理体制和运行机制；以服务决策为导向，政策研究有效对接政府决策需求；以知识转化为抓手，拓宽研究成果的公共传播渠道；以政策研究能力为核心，加强政策科学研究人才队伍建设。①"那么高校智库与其他智库相比较，具有哪些优势呢？秦惠民等从资源条件等方面考察了高校智库的优势。从拥有的先决条件来看，高校具有开展政策研究的资源优势；从政策研究的开展过程来看，高校具有政策研究的环境关系优势；从研究成果的公开程度来看，高校具有与社会公众进行互动并引导社会舆论的相对话语优势；从研究成果转化为政府决策进而推广的实施来看，高校具有

---

① 文少保. 高校智库服务政府决策的逻辑起点、难点与策略：国家治理能力现代化的视角［J］. 中国高教研究，2015（1）：34-38，44.

催化政策效度的公众形象优势，同时也存在智库成果的决策贡献率低、社会影响力不强等问题，因此要营造重视高校智库的社会环境、优化高校智库与外界的横向联系、加强高校智库的国际交流与合作、健全高校智库运行的体制机制、提升高校智库的整体服务能力①。

（2）国外高校智库研究。我国也有研究者关注国外著名高校智库的研究，以期为国内高校智库建设提供思路。有研究者以斯坦福大学胡佛研究所为例进行了案例研究，该研究认为：借助国家政治制度，进入政府视野；融合大学多学科力量，提升研究质量；收纳庞大珍稀史料，奠定研究基础，是斯坦福大学胡佛研究所具有广泛影响力的原因②。斯坦福大学胡佛研究所作为高校智库是成功的，我国高校智库从中可以借鉴的做法包括：强势研究领域与大学优势学科互为倚重；坚守研究特色，重视长期积累；吸纳聚集知名学者、政商界人士，形成研究所与校内其他院系之间的"内部旋转门"；改革研究组织模式，常设工作小组，吸引集聚所内外专家；支持大学人才培养并融入大学③。

综合教育领域高被引智库研究论文的主要研究成果可知，高校智库与其他智库相比较，在研究人员、知识资源、研究环境、成果传播等方面均具有相对优势。国外高校智库在进入其所在国家的决策咨询体系和构建"内部旋转门"、联合多方开展协同研究等方面具有特色。

（四）智库的主要功能

智库作为一种基于专业知识的组织机构，有其特定的组织功能。现代智库具有出对策、出思想、出声音等功能④。有研究文献通过对美国智库的初步分析，认为智库最重要的作用是观察社会现象、反思社会问题并提供

———————

① 秦惠民，解水青. 我国高校智库建设相关问题及对策研究［J］. 中国高校科技，2014（4）：15-20.

② 陈英霞，刘昊. 美国一流高校智库人员配置与管理模式研究：以斯坦福大学胡佛研究所为例［J］. 比较教育研究，2014（2）：66-71.

③ 陈英霞，刘昊. 美国一流高校智库人员配置与管理模式研究：以斯坦福大学胡佛研究所为例［J］. 比较教育研究，2014（2）：66-71.

④ 王延飞，闫志开，何芳. 从智库功能看情报研究机构转型［J］. 情报理论与实践，2015，38（5）：1-4，11.

解决方案，认为智库是以思想成果服务于社会、以价值理性占主导的社会组织①。薛澜认为智库具有三个主要职能，即理性决策的外脑、多元政策参与渠道、决策冲突的理性辨析平台②。我国的许多智库都或多或少地兼具三类职能：一是原创性思想的提供者；二是大政方针执行层面的谋划者；三是传播性政策的宣传推动者。不论这三类职能在具体智库中以何种形式的组合出现，也不论智库是作为组织者、媒介或是产品的直接提供者，它们都必须依赖思想市场③。对于政府而言，就需要改变过于依赖行政指挥公共决策的传统。智库凭借专家的专业知识和专业能力对本领域进行调查、研究和思想生产，从而为公共决策提供一种基于专业领域的判断与方案，担当起理性决策的外脑。与单一行政指挥下的传统决策不同，将智库作为理论决策的外脑，是政府广开言路的重要体现，即建立了多元政策的参与渠道，让政府在决策时能够倾听不同参与者的声音，考虑不同利益相关者的主张。不同类型的智库具有不同的功能。国家高端科技智库具有思想库、指南针、研究者、科普师、千里眼、显微镜、预警机、探照灯、传感器和挖掘机的功能④。王莉丽从智库公共外交的视角提出智库公共外交的核心是思想的双向对称交流和舆论传播，智库作为一种积极的公共外交行动主体、传播媒介和目标受众的"三位一体"的角色，以高水平的政策专家及其创新的思想成果为基础，以国外智库和各界公众为目标受众，运用人际传播、组织传播、大众传播等各种传播模式，以融合传播的方式，多媒介、全网络传播思想成果，开展对话与交流，影响他国公共政策和舆论⑤。教育智库的根本使命是以服务国家战略为导向，为国家层面的重大教育决策提供理论参考与咨询服务。它是我国教育改革发展的谋划者、决策方案的建言者、政策效果的评估者、社会舆论的引导者，它将提供教育决策咨询、开展教

① 任玥. 试论我国大学智库功能发展的困局：中美比较的视角 [J]. 高校教育管理，2014，8 (4)：31-36.

② 薛澜. 智库热的冷思考：破解中国特色智库发展之道 [J]. 中国行政管理，2014 (5)：6-10.

③ 王立洲. 构建新型知识生产体系：创新时代中国智库建设的问题与出路 [J]. 理论建设，2018，37 (4)：37-40.

④ 王世伟. 略论国家高端科技智库的功能定位 [J]. 情报学报，2018，37 (6)：590-599.

⑤ 王莉丽. 智库公共外交：概念、功能、机制与模式 [J]. 中国人民大学学报，2019，33 (2)：97-105.

育政策评估、促进学术交流、加快人才培养等功能集为一体，共同服务于教育的可持续发展①。智库具有咨政建言、理论创新、舆论引导、社会服务和公共外交五大功能，而大学具有人才培养、科学研究和社会服务三大功能；作为两者的交融点，高校教育智库实际上在原有智库的五大功能上增加了人才培养的功能②。党建智库的功能有：强化学理支撑，为提升全面从严治党决策科学性提供重要支撑；有效回应质疑，为牢牢掌握全面从严治党话语权提供重要保障；培育党建人才，为搭建全面从严治党沟通桥梁提供重要载体③。有研究从协同创新视角探讨智库情报服务的功能定位，认为智库情报服务应立足大数据背景下的智库情报服务内容与形式；重视智库协同化情报服务的"新人文价值"；实现工程化思维下智库情报服务模式的基本目标④。综上可知，智库具有在特定的专业领域发挥理性决策的外脑作用，为科学决策提供支撑，不同类型的智库发挥着各自独特的作用。

（五）智库的建设路径

推进中国特色新型智库建设对于建立健全决策体制机制具有重要的意义。推进智库建设是在清晰的理论基础上进行的。中国特色新型智库研究应坚持国际比较和本土研究并重，从宏观体制、中观模式和微观行动三个方面开展研究，重点关注中国智库、决策咨询制度和中国政策决策体系的内在关联，比较不同区域和不同类型智库在发展模式上的异同，明确中国特色新型智库的组织定位，通过研究完善其内部治理结构并提升研究方法和政策分析能力⑤。同时，智库研究不应是仅停留在理论层面的探索，而是要与实践结合，不断助推智库建设。从社会事业体制改革的角度来看，智库在"社会政策时代"具有重要的价值。要积极建设适应社会管理发展的智库体系，营造有利于智库建设的制度环境，保障智库研究经费的多元化，

① 王建梁，郭万婷．我国教育智库建设：问题与对策［J］．教育发展研究，2014，34（9）：1-6.
② 刘大伟．我国高校教育智库建设的模式与启示［J］．教育评论，2021（7）：34-41.
③ 胡洪彬．党建智库建设：功能、评价与完善［J］．中国特色社会主义研究，2017（4）：97-103.
④ 李纲，李阳．面向决策的智库协同创新情报服务：功能定位与体系构建［J］．图书与情报，2016（1）：36-43.
⑤ 朱旭峰．构建中国特色新型智库研究的理论框架［J］．中国行政管理，2014（5）：29-33.

提升智库影响社会政策的能力水平①。有研究认为，智库产品由提供方、需求方和产品三者组成，作为智库市场的供给方，新型智库必须具备独立、高质量和影响力的特征。要培育中国特色新型智库市场的功能，完善智库市场，营造智库良性竞争的氛围，优化政府购买机制，支持智库不断提高自身的研究服务能力，加强对智库市场的监管，推动中国智库向国际化发展②。要进一步推进中国智库走向世界，须加强其自身建设，即加强研究、决策支撑、舆论引导等能力建设；从参与国际事务、人才资源国际流动和利用互联网等关键性具体工作着手，提升国际化水平；重视智库研究的国际化视角③。马克思主义理论对中国特色新型智库建设具有重要的引导功能。有研究认为，马克思主义对中国特色新型智库建设具有思想指导、方法引导、行动先导和目标向导的"四导"功能；充分发挥马克思主义理论对中国特色新型智库建设的"四导"功能，既能强有力地激励马克思主义理论工作者在认识世界、追求真理、关注现实、崇尚学术、传承文明、资政育人、创新理论、完善决策、服务社会的国家智库建设中发挥积极作用，又能确保国家智库建设保持正确的政治方向④。对地方性高校智库而言，一是要拓展智库平台，包括学术交流平台、合作研究平台、社会调查平台、信息分析平台等，积极参与政府部门发展规划的制定、重大课题研究等工作，拓宽成果转化渠道，提高成果转化率和应用率；二是要提高智库质量，培养和整合一批有深厚学养、扎实理论功底和独到见解，对国内外发展趋势具有宏观洞察力和判断力的专家团队，充分发挥其传承文明、创新理论、咨政育人、服务社会的作用；三是要推介智库品牌，包括重要论坛、年度报告、内部专报、学术报刊、网络资源等，利用媒体等平台宣传高校智库的研究成果、专家人员等信息，打造"拳头产品"和品牌项目，构建多渠

①　彭灵灵．"社会政策时代"智库的价值、影响机制与体系建构［J］．湖北社会科学，2019
（3）：48-52．

②　徐维英．中国特色新型智库市场的功能培育与管理创新［J］．学海，2020（3）：87-91．

③　朱旭峰，礼若竹．中国思想库的国际化建设［J］．重庆社会科学，2012（11）：101-108．

④　周经纬，方世南．马克思主义理论对国家智库建设的重要功能［J］．思想理论教育，2017
（3）：27-31．

道的成果推广机制，努力提升高校智库的学术影响力和社会影响力①。综上可知，如何推进智库建设已经受到学界的广泛关注，根据智库建设侧重点（如国际化）的不同，研究者们提出了不同的推进策略。

二、研究方法

本研究以教育智库组织建设为主要研究对象，从教育智库的组织要素出发，在对教育智库进行文献回顾和梳理的基础上，对教育智库的功能、类型和特性进行理论研究，并结合案例研究综合探索教育智库的建设策略，力争在理论上结合决策咨询理论、组织理论、知识管理理论，系统地分析教育智库的功能、类型和特征；在实践上，通过网络调研等形式对国内外教育智库的建设状况进行分析诊断，有针对性地建构优化教育智库的建设策略，以促进教育智库的发展，推动中国特色新型教育智库建设，使教育智库成为党和政府科学决策的有力助手。因此，本研究采用了以下研究方法。

（一）理论研究与文献研究

运用政治学、教育学、管理学等相关理论，对教育智库的结构形态、类型与特征等方面的基本理论问题进行深入分析。同时，借鉴国内外现有的相关文献，并根据课题研究的主要目标确立总体框架。

（二）专家访谈与问卷调查

通过专家访谈、函询或问卷、研讨等多种形式，广泛征询相关领域的研究专家、教育智库研究人员以及教育智库管理者的意见，对课题的研究思路、方法和提出的对策建议等不断加以完善。

（三）案例研究与比较研究

选取华东师范大学、江苏大学等高校的典型高校智库，以及广东省教育研究院、韩国教育开发院、中国高等教育学会、长江教育研究院等机构调研了解教育智库的现状，深入剖析教育智库在组织运行与建设策略中存在的问题及原因，并提出相应的对策建议。通过案例解剖与比较，不仅可以对得出的研究结论做进一步的完善，而且能增强本研究的实践应用价值。

---

① 徐维英，尚书. 高校智库：彰显大学服务社会功能的表达路径［J］. 教育评论，2016（2）：32-34.

第二章　教育智库的功能、类型与特性

　　教育智库是专注于教育政策研究、力图影响教育政策制定的一类组织机构。研究教育智库，首先要分析它作为教育政策研究机构所具备的功能，即它到底对教育政策能够产生哪些方面的作用。其次，在此基础上理清楚教育智库到底有哪些类型，不同类型的教育智库具有什么样的性质和特点。最后，整体判断教育智库具有哪些特性。本章主要对教育智库的功能、类型与特性展开具体分析。

第一节　教育智库的功能

　　教育智库是智库的一种类型，它主要围绕教育与国家战略、经济社会发展之间的关系开展教育领域的重大决策研究，是为教育政策提供思想、理论和行动策略的专业性组织机构。教育智库主要发挥四种功能：资政功能、民众参与功能、咨询服务功能与交流合作平台功能。

一、资政功能

　　资政功能是教育智库影响政府决策的重要功能。智库一般被认为是专注于公共政策研究的一种组织机构。"从内部组织运行方式来看，智库是各领域学术精英生产知识和思想的非营利性研究咨询机构，可视作布尔迪厄所说的'场域'，立足于特定的社会背景，其运行方式受经济场、权力场、文化场等元场域的制约；教育智库是致力于为政府和公众提供政策性和应用性知识、思想、策略，发挥'以智辅政''以智启民'功能的机构。"①教育智库是一般智库的特殊化，是一种重要的智库类别，是主要围绕国家战略、经济社会发展与教育间关系，为国家教育领域的战略布局和重大改革发展提供决策服务的研究型、专业化的决策支持机构②。教育智库发挥着资政功能，着眼于国家教育的长远发展，同时关注当前的重大教育改革问题，为国家教育事业的发展出思想、出蓝图、出方案，为教育事业的改革和前进提供思想动力。具体而言，教育智库通过调查研究、协商活动、提案、大会发言等形式向党和政府提出关于教育事业发展的建议。根据特色划分，教育智库的资政建议可以分为特色资政建议与一般性资政建议；根据时间划分，教育智库的资政报告可分为短期应急性资政报告与长期接续性资政报告。以特色资政建议和长期接续性资政报告为例：高校智库的发展要注重矛盾普遍性与特殊性的联系，在做一般性资政建议的同时，突出特色与优势，集中力量发展特色资政，将学科优势与资政方向有机结合，为政府决策提供更加强有力的支撑；高校智库的发展建立在高校学科发展基础之上，学科的发展经历了数十年甚至上百年的积累，对于某一特定领域历史沿革及未来发展有充分的研究，应把重点放在长期接续性资政报告上③。而应急性资政报告则是短期的、为应对突发或紧急情况进行的资政报告，如疫情防控期间"停课不停学"，高校如何有效实施线上教学的资政报告。

二、民众参与功能

教育是与民众利益关系密切的、极为重要的一个领域，是政府公共管理的重要领域。教育智库在政府教育政策的制定中具有民众参与功能。首先，教育智库通过前期调研和访谈了解涉及民众切身利益的教育决策事项。教育智库通过深入街道、乡镇、社区等，对教育发展规划和未来教育战略

① 王保华，胡羽．教育智库转型：战略定位与发展理路［J］．中国高等教育，2020（11）：41-43.
② 庞丽娟．我国新型教育智库若干重要问题的思考［J］．教育研究，2015，36（4）：4-8.
③ 杜宝贵，隋立民．正确认识中国高校智库建设中的几个关系［J］．高校教育管理，2014，8（2）：29-32.

进行调查访谈，了解民众的需求；民众在教育智库的调研活动中表达自己的观点和诉求。教育智库由此获得民众的利益诉求，并在参与教育规划制定时考虑这些利益诉求，为教育政策制定者更加全面和真实地了解民众的利益诉求提供了渠道。从这个意义上说，民众通过教育智库可表达对相关教育政策的观点和诉求。其次，教育智库在教育政策运用及推广中与不同群体进行沟通交流，客观上可促进民众利益诉求的表达和反馈。教育智库在教育政策的运用和推广中可以邀请一线教育实践专家、高校教育理论专家、其他地区的教育管理与理论专家等进行座谈、讨论，听取他们作为实践、管理和理论方面专业人士的意见，特别是他们关于不同利益群体的意见反馈和诉求表达，从而加强教育政策制定者与不同社会群体的沟通。同时，教育智库可以通过专业人士进行教育政策的解读和宣传。最后，教育智库对政府有关教育的政策进行"吹风"，是政府教育政策正式实施前的"测试者"，可以将教育政策显行"透露"给民众，获得并分析民众舆论反馈，从而对民众意见特别是反对意见进行搜集分析，再传达给教育政策的决策者。教育智库作为政府教育政策正式实施前的"测试者"，在实践中有着不可忽视的价值，它能够了解和反馈民众等利益相关方对教育政策的心态与反应，发挥"避雷针"[1] 的作用，防止出现重大舆论振荡和舆论冲突，对政策制定者进一步搜集信息、完善教育政策具有非常重要的积极意义，同时对促进民众的意见反馈和表达也具有重要的积极意义。例如，某省要进行高考方案的改革，教育智库可以先向民众广泛开展征求高考改革方案的意见，防止考生及家长出现重大的负面舆情，同时也有利于降低高考改革方案的失误，为高考改革方案的顺利实施奠定良好的舆论基础。

三、咨询服务功能

教育智库具有咨询服务功能。教育智库一方面向组织机构提供教育决策思想和方案，另一方面向民众个人提供咨询服务。第一，教育智库作为专业的智库思想产品生产机构，可以为教育主管部门、教育组织（如大学、中小学等机构）提供教育决策方案。这主要是指教育智库通过智库思想产

---

① 双传学．以智库全程化参与助推科学化决策［N/OL］．光明日报，2016-05-25 (016).
https：//epaper. gmw. cn/gmrb/html/2016-05/25/nw. D110000gmrb_ 20160525_ 3-16. htm.

品的生产，为教育主管部门提供新的思想，通过调研为教育主管部门提供决策建议。教育智库也面向个别或若干数量的教育组织，提供组织改革与发展方面的决策咨询服务。例如，教育智库可为学校提供学校组织文化建设的咨询服务，为中小学提供校本教材研发与管理的咨询服务等。第二，教育智库的决策咨询功能还体现在为民众教育投资提供咨询服务。随着经济的发展和人民生活水平的提高，社会民众将教育视为一种投资的观念日益凸显，但民众作为非专业的个人，掌握的信息相对有限，这就需要教育智库提供相应的个人决策咨询服务，即教育智库具有为民众教育投资提供建议和行动策略的功能。总体而言，教育智库的咨询服务功能体现在为组织机构提供教育决策的思想、方案以及面向民众个人提供决策咨询服务等方面。

四、交流合作平台功能

教育智库具有交流合作平台功能，主要通过与国内外智库等机构开展交流合作来体现。

第一，教育智库与国内机构的交流合作。教育智库与国内相关机构开展合作交流已经成为智库组织之间相互学习借鉴的重要途径，也是教育智库与各教育组织密切联系、推进教育领域合作的重要手段。教育智库作为智库思想生产的组织机构，与其他的智库组织进行交流合作、相互学习借鉴，一方面可以学习其他智库组织的建设思路与举措，另一方面可以加强智库之间的合作。对于教育智库组织而言，前者可以对自身组织变革与发展提供新思路，后者则有利于教育智库对重大的教育难题开展协同研究，从而提出解决难题的思路和方案。同时，教育智库与区域内的教育组织联系较为密切，可以发挥其在组织会议、论坛方面的优势，推动与中小学等教育组织之间的交流与合作，并在更易落地的层面为推动教育组织之间的合作提供平台。

第二，教育智库与国外教育机构的交流合作。教育智库已经成为交流全球教育问题的重要平台。当今的教育问题往往超过了一个国家的界限，需要从全球的视角对其进行探讨。教育智库特别是社会教育智库、高校智库由于其学术性和研究人员的相对独立性，在国际交流中有着更多的便利性，智库之间的交流也更加频繁。例如，中国高等教育学会每年举行的高等教育国际论坛年会均有海外专家学者参加交流，就各国关心的全球高等教育问题进行讨论。因此，教育智库通常与国外教育智库组织、非政府组织有着广泛的联系，为进行全球教育问题的探讨提供了交流平台，从而增进各个国家和地区之间的相互了解。

第二节 教育智库的类型

教育智库的类型是多种多样的：根据是否属于政府机构来划分，可以分为党政教育智库和社会教育智库；根据是否为高校附属教育智库，可以分为高校类教育智库和非高校类教育智库。结合两种分类依据，教育智库实际上可以分为三类：党政教育智库、社会教育智库和高校教育智库。

一、党政教育智库

党政教育智库（又称为官方教育智库）主要面向其主管党政机关的知识服务需求，提供有针对性的知识服务。党政教育智库是隶属于国家部委、省区政府部门，直接为国家或某省区教育改革与发展服务的研究机构，经费来源主要为政府支持，在研究者方向上以国家重大教育战略问题、重要教育政策问题为主。例如，隶属国家部委的教育发展中心、研究中心或教育研究院所；隶属省级政府或教育厅的教育研究院、教育研究所等。这些党政智库的研究方向以区域重大教育战略问题、重要教育政策问题为主，研究人员多为事业单位人员。有研究从知识服务能力的角度来探讨党政智库具有组织能力结构，认为党政智库的知识服务能力由七种能力构成，分别为政策研究能力、组织管理能力、沟通激励能力、决策咨询能力、研究成果影响力、知识传播能力和交流合作能力[①]。对于党政教育智库而言，它与党政智库一样具备政策研究和政策咨询这两项基本功能。党政教育智库也会积极回应教育理论与实践的需要，进行教育知识生产和教育舆论引导，

---

① 申静，于梦月. 提升我国党政智库知识服务能力［EB/OL］. （2021-03-11）［2021-08-02］. http：//news. cssn. cn/zx/bwyc/202103/t20210311_ 5317188. shtml.

并指导和服务相应事业、行业加强教育舆论引导，推动大学、中小学等教育组织之间的交流与合作，助推教育利益相关方组织参与合作。

二、社会教育智库

一般而言，智库在产生初期更多的是积极追求公共可信度的最大化，尽可能地投身于政治，运用其专业知识和思想影响政策制度的一种组织机构。智库在进行政策研究和决策咨询的同时，实现"理性决策、边缘利益代言和社会监督"[①] 的社会作用。社会智库是智库体系的民间"地基"，可以通民情、汇众智，作为助力党和国家决策咨询链条上最具活力的重要一环，能够在政策咨询、理论创新、社会服务、舆论引导、对外公关等方面发挥其独特的社会根植性、市场配置性和机制灵活性的优势，担任健全智库结构、促进智库竞争、优化政务决策的重要角色，是推进国家治理体系和治理能力现代化的重要社会力量[②]。社会教育智库是社会性组织，既不是政府机构，也不隶属于党政部门，而是由个人、团体或企业创建的。其经费来源多元化，包括个人出资、企业捐赠或出售智库产品获得的部分收益等。其在研究方向上兼有国家和区域重大教育战略问题、重要教育政策问题，同时也向社会民众提供一定的智库产品服务。

三、高校教育智库

高校教育智库（又称为高校类教育智库）是依托高校特色学科、聚集知名学者，以国家经济社会发展中的重大现实问题为导向，融合基础研究和应用研究，通过对重大现实问题进行跨学科、协同性、综合性的研究，为政府和社会提供思想产品、培育智库人才，集团队打造、机构建设、项目管理与平台发布于一体的组织系统。从广义的角度看，高校教育智库既包括以教育政策研究为主的高校内设机构，也包括高校及其下属机构如学院、研究所等机构。从狭义的角度看，高校教育智库特指高校内设的、以

---

① 薛澜，朱旭峰. 中国思想库的社会功能：以政策过程为中心的改革之路 [J]. 管理世界，2009（4）：55-65.
② 解超，张首魁. 加强党对社会智库的全面领导：利益相关者分析的视角 [J]. 陕西行政学院学报，2020，34（3）：24-29.

教育政策研究或某一方面的教育问题研究为主的研究机构。高校对内设的教育智库提供经费、人员和场地等支持。高校类教育智库以"问题研究为中心"、以"应用引起的基础研究为主"、实行"团队合作科研模式"①。高校教育智库比较注重理论建构的研究，因为高校在学术传统和研究人员等方面有助于开展理论方面的研究，从而发挥影响力。美国大学智库对外交政策产生影响的主要方法有三种，一是学者进入政府机构任职，二是建立能对政府施加影响的社会团体的关系网，三是广泛宣传自己的观点，通过舆论作用影响外交政策②。对于中国而言，高校教育智库在服务国家和社会建设中扮演着重要角色③。

需要指出的是，非高校类教育智库是不附设于高校内的教育智库，包括党政教育智库、社会教育智库。部分教育智库既有高校参与，又有党政部门或社会机构参与，呈现出混合型的特征（也称为混合型教育智库），可从挂靠机构或主要建设机构判断其类型。例如，某教育智库有政府部门、教育科学研究院所，甚至有企业参与，但因挂靠在高校，主要由挂靠高校管理和运作，因此可将其视为高校教育智库。

第三节　教育智库的特性

国际上一般认为智库应该具有四个特性：独立性、非营利性、现实性和政治性④。有研究以京津冀协同发展背景下高校智库机构为例，提出基于区域发展政策的高校智库的四个基本特征：学术本性、实践共性、开放特

① 周光礼，莫甲凤.高等教育智库及其学术研究风格：中国著名高等教育研究机构的学术转型［J］.高等工程教育研究，2014（6）：46-57.
② 鲁鹏.浅析美国大学"智库"对美国外交政策的影响［J］.科技创业月刊，2013，26（5）：151-153.
③ 刘福才，张继明.高校智库的价值定位与可持续发展［J］.教育研究，2017，38（10）：59-63，75.
④ 李凌等.智库产业：演化机理与发展趋势［M］.北京：生活·读书·新知三联书店，2012.

性、时代属性①。本研究在梳理已有研究的基础上，综合教育智库的性质和
建设实际，认为教育智库具有七个特征：相对独立性、非营利性、现实性、
政治性、教育性、专业性和公正性。

一、相对独立性

智库的研究人员追求智库机构的独立性，以维护智库的信誉——他们
小心翼翼地维护其作为独立研究机构的形象，积极参与真理的追求，提高
他们的智力信誉，避免受批评②。教育智库是智库的一种类型，其独立性与
学术自由、组织结构密切相关。对于高校智库而言，其独立性与大学学术
自由有密切的联系。学术自由的传统由来已久，诸多思想家在著作中有关
于大学学术自由的阐述，表达自身对学术自由的看法、主张，并将之视为
学术研究的必备条件或大学存在与发展不可或缺的条件。从康德开始，理
想主义思想家们不遗余力地倡导学术自由的观念，将其视为大学不可或缺
的生存条件③。倡导学术自由的思想家们对大学学术自由的主张存在着或多
或少的差异，但都对政府或非学术力量的介入表达了担忧。无论对政府或
非学术力量持"有限介入"还是"完全排斥"的主张，思想家们在基本主
张上均是对大学学术自由的倡导和捍卫。思想家及其追随者捍卫、倡导学
术自由的传统，即便是在高校与社会互动频繁的今天，仍然得以传承与呵
护。学术自由的传统使得高校在权力结构上由学术权力与行政权力相互交
织组成。高校组织结构兼有直线型和职能型的双重特征。由于"任何组织
结构的基本内核是科层权力分配"④，因此科层制的权力分配形式同样存在
于高校。同时，高校最为关键的组织成员是研究人员，他们是具备理性思
维的专业人员，擅长自我管理，并发挥自身特长和专业优势，在某一学科
或领域有着重要的影响力（这里的影响力与权力有相通之处）。因此，大学

---

① 郭丛斌，王世龙．基于区域发展政策的高校智库研究［J］．中国高等教育，2021（2）：
51-53.

② Marcus S，Peter M．Conservative Think Tanks and Public Politics［J］．Australian Journal of Polit-
ical Science，2008，43（4）：699-717.

③ 陈洪捷．德国古典大学观及其对中国的影响（修订版）［M］．北京：北京大学出版社，
2006.

④ 郑文．大学组织结构：权力的视角［J］．高教探索，2006（3）：12-14.

作为一种以知识和学科为核心的学术和教育组织，在它的内部普遍存在着学术权力和行政权力，两种权力相互交织形成了大学组织独特的权力结构①。一方面，高校科层制的权力分配满足大学管理的需要，相对应的权力分布部门是各职能部门、院系和研究所等。高校的人事、财务、后勤等部门的行政管理性质尤其明显，但是，它们在组织目的上服务于高校的教育和科研工作。院系、研究所等教育科研机构在隶属上归高校管理，然而在实际运作过程中则注重研究人员的学术权力，通常情况下，高校也不会干涉研究所等教育科研机构的运作。基于高校以知识和学科为核心的特征，高校智库虽然附设于高校，不具备独立的法人地位，但是仍然具有相对的独立地位。而党政教育智库与纯粹的党政机关相比有一定的差异，拥有一定的独立性。社会教育智库的研究成果大多会无偿分享给社会，在政府、社会、公众之间起到中介作用，独立性相对较强。表 2-1 所示为关于教育智库独立性的代表性文献。

表 2-1 关于教育智库独立性的代表性文献

作者	主要观点	来源
吴康宁（2014）	就制度层面而言，关键在于使国家教育智库具有最大限度的独立性，其要害是独立于政府（部门）之外	教育改革需要什么样的国家智库
谷贤林，邢欢（2014）	独立性是智库的一个重要特征	美国教育智库的类型、特点与功能
任玥（2014）	美国主要智库的制度都至少具备经费独立、组织结构与决策独立、研究成果审核严谨独立三方面的特性	试论我国大学智库功能发展的困局——中美比较的视角
张武升（2015）	独立性，是指教育智库作为由专家组成的研究机构，是独立设置的，在发展目标、研究理念、方式方法、取得成果等方面具有独立性，以保证智库建设的客观、科学和民主	中国特色新型教育智库的本质特征

① 丁虎生．大学组织的结构要素与结构形式［J］．西北师大学报（社会科学版），2012，49（6）：113-119.

作者	主要观点	来源
周洪宇（2017）	教育智库要具备独立性	调研100余家教育智库，"愁钱、愁人、愁成果报送渠道"，智库应如何发展？
翟博（2015）	教育智库要有科学精神、独立精神	中国特色新型教育智库建设要有新视野
刘大伟（2021）	教育智库在参与地方教育治理的过程中，要善于提出问题、发现问题，保持研究的相对独立性	智库参与：提升地方教育治理能力的新路径

二、非营利性

虽然有西方学者声称智库应该坚持非营利性，然而在实际的运作过程中，并不是所有智库都向任何组织和个人无偿提供智库产品，如提供有偿服务的咨询公司等。就高校智库而言，对非营利性的理解包括组织的公共性、高校的价值及学术活动规律两个方面。首先，从组织的角度来看，非营利性可以认为是公共性，包括政治意义和社会意义上的公共性。在现代政治领域中，公共性是国家和政府的根本属性；现代国家作为享有主权的政治社会组织，其政治统治和社会管理职能主要通过政府来实现，因此国家公共性又称为政府公共性①。政府产生和存在的目的在于谋求公共利益，即为公共服务，实现公共目标，并通过有效的决策参与及决策选择机制实施涉及各利益相关群体的公共物品的供给，它的组织行为受到社会群体的监督。社会意义上的公共性则体现为社会性、公益性，重视自由意愿和自主选择。从组织利益受惠程度上看，高校属于服务型组织，这类组织为社会大众服务，使大众能得到益处②。其次，高校智库的非营利性还体现在高校的价值和学术活动的规律。高校作为服务型组织，是公共利益的代表，它最重要的价值是为民众谋福祉。正如某学者所言，"大学有许多功能和价

---

① 蔡海龙.教育体制改革中的高等学校公共性问题［J］.中国教育法制评论，2010（8）：50-64.

② 芮明杰.管理学：现代的观点［M］.上海：上海人民出版社，2005.

值，但是大学最重要的功能和价值应该是它的公共性，包括它作为社会道德的楷模，成为公共利益的代表、人类理想的寄托以及精神与文化的家园"①。对于高校自身而言，其公共性是合乎学术活动规律的。有研究指出，"所谓大学的公共性品质，就是它要反映学术活动的本质特征，合乎知识的生长特点，符合教育学规律而不是广义上的经济学逻辑"②。作为准公共产品的高等教育，高校自身的功能与价值、高校学术活动与教育活动的规律性综合决定了高校智库的公共性。因此，高校智库是高等教育公共性的延伸，具备非营利性的特点。党政教育智库本身就属于公共部门，具有显著的非营利性。社会教育智库的研究成果大多会无偿分享给社会，部分研究成果可出售给社会从而创造盈利。但总体而言，社会教育智库也具有非营利性的特征（表2-2）。

表2-2　关于教育智库非营利性的代表性文献

作者	主要观点	来源
张武升（2015）	坚持非营利性，主要指教育智库以服务为宗旨，避免走入"唯利是图"、为利牺牲研究的客观性和科学性的歧途	中国特色新型教育智库的本质特征
周洪宇（2017）	作为教育智库，还要具备公益性，不能出于营利需求而进行研究，甚至有时是即便没人给钱，但考虑到问题重大，也要去研究	调研100余家教育智库，"愁钱、愁人、愁成果报送渠道"，智库应如何发展？

三、现实性

教育智库的现实性指的是教育智库研究现实问题，为现实决策服务，这与教育智库和社会政治经济互动密切是相关的。作为"象牙塔"的高校，早期对经济社会通常会有意漠视或无意忽视，直到19世纪高校在美国完成了第三职能——服务社会职能的演化，与经济社会的互动成为高校不可或缺的组织行为，美国的高校开始注重为现实社会提供服务，以威斯康星大

---

① 谢维和．认识新时期大学的公共性［N/OL］．中国教育报，2008-01-28（6）．http：//www．jyb．cn/cm/jycm/beijing/zgjyb/6b/t20080128_139857．htm．

② 阎光才．于危机中重思高等教育的公共性［J］．大学（研究版），2009（12）：11-20．

学为典型代表。时至今日，高校服务社会的功能没有衰落，相反，高校慢慢从社会的边缘走向中心，在政治经济社会的发展中扮演着越来越重要的角色，被称为"思想库""动力站"。就党政教育智库和社会教育智库而言，其重视重大教育政策研究和教育领域的战略研究，可促进研究成果的传播和转化。这些机构依靠智库的专业性，通过对现实问题进行有针对性的研究，承担起政府、社会发展的"宝库"角色，为各项决策提供专业化、高质量、多样化的知识产品支持，积极出版决策产品和宣传"政策源流"[①]。这与智库的职能是一致的，即"利用集体智慧通过充分发挥组织智商来研究某些特定的公共政策问题，并向决策者提供最优的理论指导、政策措施和解决方案，以供决策者选择"[②]。由此可见，党政教育智库、社会教育智库和高校教育智库都重视与社会的互动，向社会提供有针对性的服务，向决策者提供理论指导和政策建议，具备明显的现实性特征（表2-3）。

表 2-3   关于教育智库现实性的代表性文献

作者	主要观点	来源
张武升（2015）	教育智库具有现实性的特点。现实性是指围绕教育改革发展的热点、重点和难点进行现实研究，提供及时有效的成果，现实性强调的是针对性、时效性，对于政府行政部门解决急迫的问题发挥应有的作用	中国特色新型教育智库的本质特征
翟博（2015）	教育智库要有问题意识，坚持问题导向	中国特色新型教育智库建设要有新视野
周洪宇（2017）	教育智库要具备应用性	调研100余家教育智库，"愁钱、愁人、愁成果报送渠道"，智库应如何发展？
付睿，周洪宇（2021）	新时代的教育智库是针对中国教育领域重大战略问题、难点问题，为党和国家政府部门提供教育公共政策研究与决策咨询的专门机构	习近平推进创新重要论述与新时代教育智库转型发展

① 郭华桥. 研究型大学智库建设模式与困境突围：基于"学者"使命的视角［J］. 中国高教研究，2014（5）：50-57.

② 王春法. 美国思想库的运行机制［J］. 中国党政干部论坛，2004（2）：42-44.

四、政治性

一般而言，智库的作用及其影响国家及社会的程度由政治经济体制所决定。尽管西方一些智库宣称其完全独立于政府、政党，不受任何利益集团的影响，但是在实际的运作过程中难免与一些利益集团产生联系，甚至有利益上的关联。这是由于智库不仅生存发展需要资金支持，而且提供专业知识和解决方案，通过各种途径对政府、政党等决策施加影响，其政治性是无法回避的。我国高校智库的政治性特征源于四个方面：第一，从宽泛意义上看，高校属于国家所有。高校多为公办性质，接受各级政府和教育厅的指导、管理。从行政隶属意义上说，高校属于地方政府或中央政府（以教育部为代表）。第二，高校及其附设的各类研究机构中的研究人员大多是事业单位人员身份，在其职责上具有一定的政治性规定。第三，从服务的对象上看，高校与附设的研究机构及其组织成员依靠集体智慧为国家和经济社会发展提供决策支持，具有服务国家发展的目的性。第四，从政策背景上看，推进中国特色新型高校智库建设本身就是一项体现政治性特征的计划，高校通过校企、校政等协同合作，"有效整合各方智慧与优势资源，系统全面地分析事物间的联系，将哲学社会科学与自然科学有机结合，从机制与技术层面共同研究找寻解决之道，为政府决策、社会转型积极贡献智慧，促进转型时期复杂社会问题的有效解决"[1]，即为党和政府科学决策提供高水平智力支持。因此，我国高校智库具有较为明显的政治特征。党政教育智库因其组织性质、职责、经费、人员均与党政机关相似，所以具有显著的政治特征。社会教育智库虽然不属于党政系统，有较强的独立性，但仍然需要坚持正确的政治方向。表2-4所示为关于教育智库政治性的代表性文献。

---

① 杜宝贵，隋立民．任立云．我国高校智库协同建设路径探析［J］．现代教育管理，2014（4）：8-12.

表 2-4　关于教育智库政治性的代表性文献

作者	主要观点	来源
谷贤林，邢欢（2014）	美国教育智库具有意识形态倾向越来越明显的特点	美国教育智库的类型、特点与功能
翟博（2015）	中国特色新型教育智库要从中国实际出发，服务于中国特色社会主义现代化建设，坚持国家利益至上	中国特色新型教育智库建设要有新视野
张武升（2015）	教育智库遵循政府政策研究制定的模式或范式，以使研究及其成果更适用于政府行政需要，甚至为了切合需求和实用，一些研究课题、任务采用"订单式"或"量身定做式"研究产出方式	中国特色新型教育智库的本质特征
王小飞，闫丽雯（2020）	作为教育行政部门直属的公益类事业单位，政府教育智库多由政府建立或发起，以财政拨款为主要经费来源，大多兼具行政职能和教育研究使命	政府教育智库服务教育决策的路径依赖与突破

五、教育性

　　不是所有的智库都具有教育性。教育智库中的高校智库具有明显的教育性特征。第一，从分工上看，高校智库与其他研究机构有着分工上的差异。专门的科学研究机构如科学技术研究所、社会科学院等，有专门的研究人员开展研究工作。高校智库与专门的科学研究机构不同，其研究人员是高校学者，确切地说，他们既是教育工作者又是科研工作者。第二，从职能上看，高校的首要职能是培养人才，它是以人才培养为中心任务的教育机构。第三，从"教授"活动的特点看，高校不仅教授知识，而且还从事研究，"教授"活动呈现出教育性的特征。高校不仅传授知识，而且还研究和发展专业知识，教育学生如何进行研究、探索未知世界、拓展知识边界，即高校在知识的教授和科研方法、科研素养等方面的培养上都呈现出教育性特征。第四，从身份上看，由于高校的科研与教学是融合的，高校学者和学生的身份并非是单一和泾渭分明的，学者既从事教学，又从事研究；学生并非单纯是学习者的身份，而是同时具备研究者的身份，学者对学生的学习和研究活动进行引导和帮助。第五，从德行上看，高校智库研究人员的德行影响着学生。高校智库研究人员的身份首先是高校教师，他们具备从事教育教学的专业知识和专业能力，工作中与学生交流，向学生展示研究成果，探讨学术前沿。此外，他们坚韧不拔、探索未知、勇于创新、追求真理的科学精神也在影响着学生。综合上述五个方面可知，高校智库具有教育性特征，而党政教育智库和社会教育的教育性特征不明显。这些教育智库通过与大学、中小学教育机构合作，进行教育教学实践指导，在一定程度上间接地体现出教育性。表 2-5 所示为关于教育智库教育性的代表性文献。

表 2-5　关于教育智库教育性的代表性文献

作者	主要观点	来源
杜宝贵，隋立民（2014）	高校智库应在智库产品输出的同时肩负起辅助人才培养的职能，参与高校的学位授予工作。高校智库建设是高校人才培养职能的自然延伸，为人才培养提供了实践机会，借助智库阶段研究过程可提高博硕士研究生的培养质量，形成学院基础理论教育与智库科研能力提升的良性循环	正确认识中国高校智库建设中的几个关系
王建梁，郭万婷（2014）	人才是决定智库生存与发展的关键因素，智库也被称为"人才库"，兼具培养人才和储备人才的功能	我国教育智库建设：问题与对策
张雪红，张莹（2017）	以智库建设丰富高校人才培养模式	我国高校智库建设现状调查与分析
刘大伟（2021）	智库具有咨政建言、理论创新、舆论引导、社会服务和公共外交五大功能，而大学具有人才培养、科学研究和社会服务三大功能；作为两者的交融点，高校教育智库实际上在原有智库的五大功能上增加了人才培养的功能。高校智库将人才培养与建设发展相结合，既拓展了高校教育智库的功能领域，也为智库建设和长远发展培养了高端人才	我国高校教育智库建设的模式与启示

六、专业性

就高校智库而言，其专业性体现在以下四个方面。第一，高校院系与学科构成的矩阵型组织结构特点。高等学校组织结构的重要特点是事业单位与学科组成的矩阵结构①。在组织形式上，高校一方面设立了属于事业单位的学院（系）或研究机构，另一方面处于学院（系）或研究机构的学者们又属于某一个学科。对于高校的学者而言，他们对学科的忠诚度甚至高于对学校组织的忠诚度。例如，在学术圈内，谈到某所高校，往往首先联想到该校有哪些著名的学者。第二，高校学者的高度专门化。学科明显是一种联结化学家与化学家、心理学家与心理学家、历史学家与历史学家等的专门化组织方式，它按学科即通过知识领域实现专门化②。几乎任何一个高校学者以及在高校智库从事研究工作的研究人员都声称自己属于某一个专业或从事某一专门领域的研究，否则他很有可能毫无对学科的忠诚度，从这个意义上说，也就没有学科归属感。第三，科学研究活动的专业化。高校学者的工作呈现高度专业化，有着非常严密的分工。学者们几乎都接受过本专业领域最高层次的高等教育，具备从事科学研究活动的基本素养、专业知识、研究方法等，从而探索本专业领域的前沿问题，拓展知识的边界。第四，研究问题的专业性。研究问题的专业性体现在研究方向和研究方法上。附设于高校的各类研究机构在研究方向上具有专业性，如由高校政治学、历史学、心理学、法学学者组成的研究外交问题的智库等。此类智库从事相关研究时，研究方法上具有专业性，如历史学常用的史料收集与分析、心理学常用的心理诊断技术和心理统计分析等。由于当下教育问题复杂，且往往与政治、经济等问题有关联，党政教育智库和社会教育智库也具有专业性的特征。表 2-6 所示为关于教育智库专业性的代表性文献。

表 2-6 　关于教育智库专业性的代表性文献

作者	主要观点	来源
周洪宇（2015）	中国特色新型教育智库应体现专业化，走向精细化	创新体制机制，建设中国特色新型教育智库
翟博（2015）	教育智库要有全球视野和专业视界	中国特色新型教育智库建设要有新视野

①　刘献君. 论高校学科建设［J］. 高等教育研究，2000，21（5）：16-20.
②　伯顿·R. 克拉克. 高等教育系统：学术组织的跨国研究［M］. 王承绪，徐辉，殷企平，等译，杭州：杭州大学出版社，1994.

续表

作者	主要观点	来源
张武升（2015）	教育智库专家具有专业性、坚持学术性，才能保证智库的知识性、智力性和智慧性，产生一般人所不能产生的谋略和方法	中国特色新型教育智库的本质特征
张皓（2020）	高校教育管理智库专业性强，能提出切实可行的对策	高校教育管理智库建设的现状、问题及对策
付睿，周洪宇（2021）	专业性教育智库侧重于对各级各类教育进行研究，为国家各级各类教育改革与发展提供高质量、专业化的教育决策研究与咨询	习近平推进创新重要论述与新时代教育智库转型发展

七、公正性

教育智库的公正性源于现代教育对公正性的追求。现代政治的公正首先是决策的公正，教育智库为现代政治决策提供政策咨询服务更应秉持公正性。在中国历史文化传统中，"公正"与"正义""公平""道义"等含义相近，主要是从个人道德角度来阐述的，如"子帅以正，孰敢不正"（孔子语）；"君义，莫不义；君正，莫不正"（孟子语）。这些关于公正的表述主要限于个人道德领域，而非社会（公共）领域。在西方文化里，公正包含了个人道德和社会秩序的双重意义。美国著名的政治学家罗尔斯认为，正义是社会制度的首要价值，正如真理是思想体系的首要价值一样，正义的主要问题是社会的基本结构（政治结构和主要的经济以及社会安排）。他指出，正义有两个原则：规范平等地适用于每一个人，每个人对于其他人拥有的最广泛的自由都应拥有一种平等的权利；社会的和经济的不平等应这样安排，使它们被合理地期望适合于每一个人的利益，并且依系于地位和职务向所有人开放①。对于公正性的理解包括两层含义。第一，标准的公正性——即以同样的规则或标准对待同一情形中的人或事。第二，所付出的和所获得的是相应的或对称的，否则即为不公正。概括地说，公正要求根据某一普遍认为应当的原则或标准来普遍地对待一切人或事，以使人们

① 约翰·罗尔斯.正义论［M］.何怀宏，等译，北京：中国社会科学出版，1988.

获取各自应得或相称（相应）的权益。现代政治上的公正首先是决策的公正，在适用权力制定涉及利益关系的社会政策时贯彻公正原则，使各种利益团体的矛盾、公正与效率的矛盾得到恰当的调整①。公正是现代教育的重要价值，高校是现代教育的重要组成部分，同时还是实施公正教育的重要机构。当下和未来的教育必须深刻地反省自身的不公正性，勇敢地承担起以公正为核心的价值教育的使命②。无论是党政教育智库、社会教育智库还是高校教育智库，都应在公正教育中有所为，而且必须有所为。政府等各类机构的决策涉及各利益群体，党政教育智库、社会教育智库与高校教育智库应秉持公正性原则进行重大教育问题研究和攻关，为政府教育发展规划和重大教育决策提供的方案应比营利性的智库更能充分地体现公正性。表 2-7 所示为关于教育智库公正性的代表性文献。

表 2-7 关于教育智库公正性的代表性文献

作者	主要观点	来源
周洪宇（2017）	教育智库具备公正性	调研 100 余家教育智库，"愁钱、愁人、愁成果报送渠道"，智库应如何发展？
李晶，钟嘉仪（2019）	政府对待官方智库、高校智库和民间智库理应一视同仁，以招标的形式向各类智库征集决策咨询报告，以质量作为标准选择方案，从而逐步建立起公平竞争的思想市场环境	高校智库参与政府决策的价值、困境与实现路径
钱旭升，李志超（2020）	教育智库要想很好地发挥建言献策的强大力量，首先要从社会发展进程中出现的种种教育"不适应"里提炼出相应的教育问题，这种问题主要是社会发展下的教育现实与公众愿景之间的差距，期望能够通过教育改革实现缩小这种差距的诉求，属于一种公共层面的教育问题	教育智库的逻辑起点、功能与机制建构

① 王伟，罗国杰.中国伦理学百科全书（应用伦理学卷）［M］.长春：吉林人民出版社，1993.

② 石中英.教育哲学［M］.北京：北京师范大学出版社，2007.

第三章　党政教育智库的运行与建设

　　党政教育智库是主要面向其主管党政机关的知识服务需求，提供有针对性的知识服务的组织机构。这类教育智库充当其主管部门的"内脑"角色。广东省教育研究院是为广东省教育厅和广东省人民政府重大教育决策提供决策咨询服务的教育智库，具有较完备的智库功能。韩国教育开发院是为韩国政府重大教育决策提供思想和方案支持的教育智库，并在发展中形成了较为完善的运行机制。下面将以这两个教育智库作为典型的党政教育智库展开具体分析和研究。

第一节　广东省教育研究院的智库功能与运行特征

　　智库的重要职能是为决策者提供专业的思想和方案，以提高决策者决策的科学性。党政教育智库是智库的一种重要类型，它是"指通过立法或者行政组织条例组建的存在于党政机关内部，为各级领导提供决策服务的咨询机构，在党政机关内部发挥决策'内脑'的职能"①，与高校教育智库以及社会性组织的民间智库作为决策者"外脑"的职能有着重要的区别。

---

　　① 申静，于梦月．提升我国党政智库知识服务能力［EB/OL］．（2021-03-11）［2021-08-02］．http：//news. cssn. cn/zx/bwyc/202103/t20210311_ 5317188. shtml.

广东省教育研究院是广东省教育厅管理的事业单位，其在服务广东省教育决策、教育理论创新和教育舆论引导等方面发挥着重要的思想库功能。

一、广东省教育研究院的组织架构

广东省教育研究院于 2011 年经广东省机构编制委员会批准设立，是广东省教育厅管理的事业单位，该院有 8 个内设机构和 2 个院属机构。内设机构包括办公室（党委办公室）、基础教育研究室、高等教育研究室、职业教育研究室、民办教育研究室、教学教材研究室、教育评估室和基础教育质量监测室（广东省基础教育质量监测中心）。院属机构包括广东高等教育出版社与广东音像教材出版社。

广东省教育研究院以"服务教育决策、创新教育理论、指导教育实践、引导教育舆论"① 为基本职能定位，围绕着广东省的教育战略研究、政策研究、理论研究和实践研究，以及教育评估、教育质量监测、教育舆论引导等方面开展工作。广东省教育研究院办公室是组织协调该院日常工作的枢纽。办公室下设行政、后勤与经营组，文秘、宣传与党务组，科研、图书与档案组。行政、后勤与经营组负责全院规章制度的制定与监督执行、财务与资产管理、后勤保障工作；协助重要会议、活动的筹备与组织，协助教学教材研究室、教育厅人事处等的相关工作，并协调广东高等教育出版社、广东音像教材出版社和广东教育杂志社等的有关工作。文秘、宣传与党务组负责行政公文流转，院门户网站信息安全和信息发布审核，组织信息上报、对外宣传、新闻发布，草拟全院工作计划、工作总结、文件材料、全院日常党务等工作。科研、图书与档案组负责全院科研管理工作，院学术委员会日常工作，组织科研、学术活动，全院图书报刊资料订阅和图书馆管理工作，档案、保密、机要工作，协助指导广东教育学会等学术团体开展活动。

除了发挥组织协调广东省教育研究院日常工作枢纽作用的办公室之外，该院的研究和评估机构有 5 个研究室、1 个教育评估室和 1 个基础教育质量监测室（表3-1）。这些研究与评估机构在教育厅发展规划编制、承担全省

---

① 广东省教育研究院. 本院简介［EB/OL］.［2021-08-02］https：//gdae. gdedu. gov. cn/gdjyyjy/byjj/list2_tt. shtml.

的各项教育战略研究、政策研究等工作中发挥着重要的智力支持作用。

表 3-1 广东省教育研究院内设的研究与评估机构

机构名称	机构职能	机构规模/人
基础教育研究室	协助广东省教育厅制订全省基础教育发展规划；承担全省基础教育改革和发展的战略研究、政策研究；承担有关国家级和省部级等重大教育科研项目研究	8
高等教育研究室	协助广东省教育厅制订全省高等教育发展规划；承担全省高等教育改革和发展的战略研究、政策研究；协助开展高等教育的学科专业与课程、人才培养模式改革研究；承担有关国家级和省部级等重大教育科研项目研究	6
职业教育研究室	协助广东省教育厅制订全省职业教育发展规划；承担全省职业教育改革和发展的战略研究、政策研究；承担职业教育的专业与课程、教学方法的研究与开发；承担有关国家级和省部级等重大教育科研项目研究	5
民办教育研究室	协助广东省教育厅制订全省民办教育发展规划；承担全省民办教育改革和发展的战略研究、政策研究；协助指导民办学校进行教学改革和实验；承担有关国家级和省部级等重大教育科研项目研究	5
教学教材研究室	承担基础教育教学研究工作；承担基础教育课程的研究、建设和指导工作；指导、组织中小学教材编写工作；开展课程、教材、教法改革实验，研究并组织编写教学改革配套教材和教辅资料；提出中小学教学用书目录	24
教育评估室	协助广东省教育厅组织对各级各类学校的教育教学质量、科研工作、办学水平、办学效益、选优定级等评估（评审）工作，参与制订教育评估政策，参与教育质量监测工作，组织开展教育评估研究和专业培训	8
基础教育质量监测室（广东省基础教育质量监测中心）	协助拟订基础教育质量监测标准指标体系；协助承担基础教育质量监测具体实施工作；协助指导各地开展基础教育质量监测工作并提供智力、技术支持；协助组织研发基础教育质量监测工具和信息化平台；开展基础教育质量监测科学研究等	3

资料来源：广东省教育研究院（https：//gdae.gdedu.gov.cn/）

广东省教育研究院主办的出版社有广东高等教育出版社和广东音像教材出版社。广东高等教育出版社是具有各级各类教育教材、教学指导用书、教辅读物、学术专著出版资质的教育类出版社。广东音像教材出版社是具有各级各类教育教学音像出版、电子出版、网络出版，以及立体化数字教育产品开发与服务功能的专业出版社。这两家出版社都与广东省教育研究院的机构定位密切相关，属于教育类出版社，服务各级各类教育教材、教育教学音像和学术著作的出版。

二、广东省教育研究院的智库功能

广东省教育研究院作为党政教育智库，是主要面向其主管党政机关的知识服务需求，提供有针对性的知识服务的组织机构。对于党政教育智库而言，首先，政策研究和政策咨询是作为党政智库应具备的基本功能。其次，由于教育理论与实践的需要，教育知识生产和教育舆论引导是党政教育智库保证主管部门科学指导和服务相应事业、行业，以及科学进行舆论引导的重要保障；组织管理和教育交流合作则是党政教育智库服务下沉和智库组织之间交流学习的重要体现。由此可见，党政教育智库具有 5 项功能：教育政策研究、教育知识生产、教育舆论引导、组织管理和教育交流合作。

（一）教育政策研究功能

教育政策研究是党政教育智库的基本功能。研究教育政策、为主管部门提供专业的决策咨询是党政教育智库的主要职责，也就是说，党政教育智库是教育主管部门和上级部门进行教育决策的思想库。首先，广东省教育研究院的主要负责人领导全省重大教育规划、教育政策文件的研究工作。该院的主要负责人组织了《广东省教育现代化建设纲要（2004—2020年）》《广东省教育现代化建设纲要实施意见（2004—2010 年）》《关于加快普及高中阶段教育的决定》《关于大力发展职业技术教育的决定》等广东省委省政府重大教育规划、教育政策文件的起草工作；主持编制了《广东省中长期教育改革和发展规划纲要（2010—2020 年）》《广东省教育发展"十二五"规划》《广东省教育现代化 2035》《广东省加快推进教育现代化实施方案（2019—2022 年）》《推进粤港澳大湾区高等教育合作发展规划》；对广东省教育发展开展了前期调研，如"广东省教育发展'十四五'规划前期研究"等。其次，广东省教育研究院内设的各研究机构根据自身的职能定位，围绕全省教育中心工作开展政策研究。基础教育研究室协助省教育厅制订全省基础教育发展规划，承担全省基础教育改革和发展战略研究、政策研究；高等教育研究室协助省教育厅制订全省高等教育发展规划，承担全省高等教育改革和发展的战略研究、政策研究；职业教育研究室协助省教育厅制订全省职业教育发展规划，承担全省职业教育改革和发展的战略研究、政策研究；民办教育研究室协助省教育厅制订全省民办教育发展规划，承担全省民办教育改革和发展的战略研究、政策研究；教育评估室参与制订教育评估政策；基础教育质量监测室协助拟订基础教育质量监测标准指标体系，协助指导各地开展基础教育质量监测工作并提供智力、技术支持。最后，广东省教育研究院的研究人员担任广东省人民政府决策咨询顾问委员会委员、广东省督学顾问等，为广东省教育决策提供决策咨询，为全省教育事业发展建言献策。广东省教育研究院诸如此类的政策研究与决策咨询为广东省教育事业的发展提供了思想、方案和丰富的技术支持。

（二）教育知识生产功能

教育知识生产是党政教育智库的重要功能。教育知识的生产主要包括承担委托性质的课题进行知识生产，申报省级以上的重大科研项目进行知识生产，以及围绕教育事业发展所进行的理论探索。

首先，承担机关部门委托性质的课题进行知识生产。如广东省教育研究院的研究人员参与了广东省公立大学治理结构改革、广东省民办教育规范化管理两项委托业务研究项目，其中《广东省民办高等学校年检实施办法》《广东省民办普通高校年检指标体系》等研究成果已被广东省教育主管部门采纳并在广东全省实行。其次，申报省级以上的重大科研项目进行知识生产。如申报并获批的国家社会科学基金（教育学）项目"产教融合视阈下产业学院育人模式研究""新中国成立70年乡村教师发展的历史变迁""民办高校'关联交易'治理研究""粤港澳大湾区国际高等教育示范区政策支持体系研究"等，以及广东省教育科学规划重大项目"现代职业教育背景下广东中高职衔接体制构建研究"等。最后，围绕教育事业发展所进行的理论探索。广东省教育研究院的研究人员或依托重要研究项目，或围绕广东省教育工作的中心工作开展理论研究，相关研究成果在《高等教育研究》《中国高教研究》《高教探索》《中国教育学刊》《课程·教材·教法》《广东社会科学》等重要期刊上发表。广东省教育研究院的研究人员通过承担委托性质的课题进行知识生产、申报省级以上重大科研项目进行知识生产以及围绕教育事业发展所进行的理论探索，实现了党政教育智库的教育知识生产功能，为广东省教育政策研究、教育决策咨询奠定了良好的教育理论知识和方法论基础，为党和政府的决策提供了科学性、系统化的智力支持。

（三）教育舆论引导功能

广东省教育研究院具有教育舆情引导功能。教育舆情是指，在一定的社会空间内，舆情主体对有关教育的中介性社会事项所持有的社会态度，其构成要素主要有主体、客体、中介性教育事项和空间①。如何提高教育舆情分析的质量，为公共教育决策提供有效支持，已成为一个重要命题②。广东省教育研究院作为党政教育智库，在全省的教育舆情中发挥了重要的引导作用。首先，对全国特别是与广东省关系密切的教育舆情进行搜集、梳理，并利用官方网址进行转载传播，从而发挥其教育舆情引导作用。如《粤港澳大湾区中小学校长又聚在一起，干了这件事》（《人民日报》）、《2019 粤港澳大湾区 STEM 教育论坛在东莞举行》（《光明日报》）、《共同构建粤港澳大湾区基础教育新样态》（《光明日报》）、《2019 粤港澳大湾区中小学校长论坛举行　聚焦教育现代化》（中国新闻网）、《家国情爱国心 2020 粤港澳青少年新年音乐会震撼上演》（岭南网）、《面向 2035 的教育现代化之思——第七届中国南方教育高峰年会述评》（《广东教育·综合版》）等。其次，利用该院官方网站和微信公众号，对学生家长关心的教育热点问题进行解读和舆论引导。刊发在官方网站和微信公众号的《广东新高考改革方案正式出台》一文，对《广东省深化普通高校考试招生制度综合改革实施方案》（粤府〔2019〕42 号）进行了解读，指出该方案标志着广东省新一轮高考综合改革的正式启动，改革着重体现在四个方面：一是将普通高中学业水平考试分为合格性考试和选择性考试两种；二是大力推进普

---

① 李昌祖，杨延圣. 教育舆情的概念解析［J］. 浙江工业大学学报（社会科学版），2014，13（3）：241-246.

② 郅庭瑾，李伟涛. 论基于证据的教育舆情分析［J］. 教育研究，2016，37（7）：32-38.

通高中学生的综合素质评价；三是将本科高校考试招生和专科高校考试招生适当分开，分夏季高考和春季高考两类；四是深入推进高职院校分类考试招生改革①。为了方便学生家长了解广东省新一轮高考综合改革方案，该院撰文《一图读懂广东新高考改革方案》，并刊登在官方微信公众号和网站。为方便考生和家长了解高考改革的相关科目赋分方法，撰文《普通高中学业水平考试思想政治等4门选择性考试科目等级赋分方法》，并刊登在官方微信公众号和网站。此外，在其官方网站和微信公众号上转载与学生利益密切相关的指导信息，如官方网站转载了人民网的《高考志愿填报"卡壳" 专家组团帮你过关》等文章。

（四）组织管理功能

党政教育智库由于其官方性质，往往具有组织管理功能，体现在对本区域教育领域中的教学、研究和学校发展进行组织和指导。广东省教育研究院的组织管理功能体现在对全省重要科研及学术活动的组织（及协助组织），对教育教学研究改革的组织和学校组织发展的指导等方面。

首先，对全省重要科研及学术活动的组织。广东省教育研究院组织基础教育（含中等职业教育）教学成果奖评选活动，协助组织南方教育大讲堂、南方教育高峰论坛等学术活动。

其次，组织课程与教学改革的实施。具体而言，该院组织和指导广东各地开展基础教育教学研究；研究并组织中小学、幼儿园、中等职业学校学科教学资源建设工作；研究并组织编写教学改革配套教材和教辅资料；组织和指导中小学、幼儿园、特殊教育学校落实课程改革方案；指导和组织中小学和中等职业学校教材研究、开发和编写工作，提出中小学和中等职业学校教学用书目录。

最后，组织开展教学研究、教学经验交流、教改成果推广，组织编发学术信息和决策咨询简报。组织中小学、幼儿园、中等职业学校开展教学研究，进行教学成果总结和经验交流，推广优秀教学成果；负责组织编发《国内外教育改革发展动态》《教育决策参考》和《情况通报》。

---

① 广东省教育研究院. 广东新高考改革方案正式出台［EB/OL］.（2019-04-24）［2021-08-02］. https：//gdae. gdedu. gov. cn/gdjyyjy/rdgc/202008/838c8e9e5c43498e9b58a15446497330. shtml.

（五）教育交流合作功能

党政教育智库的教育交流合作功能主要是指其根据智库的专业优势，通过为各地学校提供交流平台，依托内设机构，指导学术团体等开展教育交流合作。

首先，广东省教育研究院为各地学校提供理论与实践交流平台，促进各地区和各学校的经验分享与交流合作。例如，在该院官方网站提供了《共抗疫情　守护心灵　中山市科学规范开展疫情期中小学心理健康教育》《区域联动　各美其美——深圳市龙华区初中语文线上教学经验介绍》《改革开放四十年来粤港澳高等教育合作的回顾与前瞻》《以现代学徒制服务粤港澳大湾区印刷包装业转型升级》《主题引领的"双微机制"：基于创新实践行为激励的校本教师专业发展研究与实践》（成果报告）等信息，供各地各校交流。

其次，广东省教育研究院依托内设研究机构职能开展有针对性的交流与合作。如各研究与评估机构开展基础教育研究、高等教育研究的对外交流与合作，为基础教育、高等教育对外交流与合作提供智力支持；开展职业教育研究、民办教育研究、教育评估（认证）的对外交流与合作；开展基础教育课程、教材、教学研究的对外交流与合作；开展基础教育质量监测对外交流与合作，为基础教育质量监测对外交流与合作提供智力支持；等等。

最后，指导学术团体开展交流合作。广东省教育研究院指导广东高等教育学会、广东教育学会、广东省教育评估协会等学术团体开展学术交流活动。由于这些学术团体的会员单位分布在全省各地，会员数量众多，因此，学术活动为会员单位及其会员开展学术和实践的交流合作提供了平台。广东省教育研究院积极指导这些学术团体开展交流合作。例如，广东教育学会拥有会员约10万人，其中，高级职称及相当职称人数约3万人，中级职称及相当职称人数约7万人。广东教育学会通过举办广东省中小学校长论坛、广东省中小学教师学术论坛、海峡两岸暨港澳地区教育学术研讨会、教育沙龙、各专业委员会学术论坛推动全省学校及其协作单位开展教育交流与合作。再如，广东高等教育学会是由高等学校、非高校研究生培养单位、教育科研机构，以及支持高等教育事业改革和发展的相关衍生组织、企业的有关工作者自愿组成的学术性、群众性、服务性的非营利性社会团体，秘书处现挂靠在广东省高等教育局高等教育研究室。学会按照章程开展工作，主要业务为组织开展高等教育理论问题与实践问题研究，组织高等教育学术会议，承接政府部门委托项目，参与高等教育行业治理和高等教育研究规划制订工作；主办会刊《高教探索》，组织有关高等教育研究论著和高校教材出版；组织开展相关社会服务活动①。广东省教育研究院通过各种活动拓宽了其作为智库的服务范围、提升了服务质量和影响力。

三、广东省教育研究院的运行特征

由广东省教育研究院的功能可知，其作为党政教育智库有着完备的功能，除了作为主管部门的"内脑"，还积极与外部机构进行交流，提升其服务能力。

（一）智库功能完备

广东省教育研究院作为党政教育智库，其智库功能完备。我国省级政府教育行政主管部门一般都设有教育研究院（所），这些教育研究院（所）被视为党政教育智库。我国部分省份的教育研究院（所）在名义上是党政教育智库，虽然号称"为教育改革和发展的决策服务"，但实际上其智库功能并不完备，或尚未真正发挥出来。例如，某省域的教育研究院内设教育理论、教育经济和教育管理等研究室，仅侧重于对 3~5 个方向的教育问题进行研究，基本上未体现出教育舆论引导、组织管理和教育交流合作的功能，教育政策研究功能也未能很好地体现出来。广东省教育研究院具有教育政策研究、教育知识生产、教育舆论引导、组织管理和教育交流合作的功能，其智库功能是相对完备的。

（二）智库研究队伍实力强

作为党政教育智库的广东省教育研究院约有 100 名人员，其中大多数都是专业的研究人员。该院内设的各个研究和评估机构都配备了一定数量的专业研究人员，这些研究人员普遍具有较高的学历，或者丰富的实践经验

---

① 广东省教育研究院. 广东高等教育学会［EB/OL］.（2020-08-03）［2021-08-02］. https：//gdae. gdedu. gov. cn/gdjyyjy/xstt/202008/1eb4d3ecdca64467b292f779e90bcd90. shtml.

和较强的实践能力。如有的研究人员具有高校、教育厅、中小学、期刊社、出版社等的实际工作经历，部分研究人员具有博士学位；有在优质中学工作经历、具有中学高级职称的研究人员，该研究人员具有参编中学教材的经验，被聘为国家级远程培训课程团队专家；也有兼具学术期刊编辑、高校管理工作、教育科研机构研究工作等不同岗位工作经历，具有教育学、社会学等不同学科背景的研究人员。广东省教育研究院的研究人员体现出了较强的研究能力，承担了国家社会科学基金（教育学）项目、广东省教育科学规划重大项目，在《高等教育研究》《中国高教研究》《高校教育管理》《高教探索》《中国教育学刊》《课程·教材·教法》《高教探索》《复旦教育论坛》等重要学术期刊上发表了系列研究成果，同时，主持编制了《广东省中长期教育改革和发展规划纲要（2010—2020年）》《广东省教育现代化2035》等广东省重大教育政策与规划等。由此可见，广东省教育研究院智库研究队伍实力雄厚。

（三）作为"内脑"联结脑外

一般而言，党政教育智库被称为党政机关的"内脑"。广东省教育研究院作为党政教育智库，是广东省教育厅和广东省人民政府重大教育决策工作的"内脑"。因此，广东省教育研究院"围绕全省教育中心工作，以服务教育决策、创新教育理论、指导教育实践、引导教育舆论为基本职能定位，加强教育战略研究、政策研究、理论研究和实践研究，以及教育评估、教育质量监测、教育舆论引导，为打造中国南方先进教育思想理论形成与实践高地做出重要贡献"①。在广东省教育研究院的5项智库功能中，教育舆论引导、组织管理和教育交流合作的功能都在不同程度上发挥着联结外脑的作用。如教育舆情引导有助于党政机关与学生及家长的联系沟通；组织管理能够对本地区教育领域中的教学、研究和学校发展进行组织和指导，使得智库发挥思想引领和行动策略的指导作用；教育交流合作促进了本区域各学校与单位的交流与合作，通过学术会议与论坛也促进了区域学校、合作机构以及全国各地机构与学者之间的交流与合作。

---

① 广东省教育研究院. 本院简介 [EB/OL]. [2021-08-02]. https：// gdae. gdedu. gov. cn/gdjyyjy/ byjj/list2_ tt. shtml.

第二节　韩国教育开发院的组织要素与运行机制

党的十八大以来，党中央突出强调建设中国特色新型智库的重要性和紧迫性，进一步明确了新形势下建设中国特色新型智库的目标、任务和要求。中共中央办公厅、国务院办公厅印发了《关于加强中国特色新型智库建设的意见》，提出要加强中国特色新型智库建设，建立健全决策咨询制度；中央全面深化改革委员会审议通过《国家高端智库建设试点工作方案》，并提出要建设一批"国家亟需、特色鲜明、制度创新、引领发展"的高端智库；教育部印发了《中国特色新型高校智库建设推进计划》，旨在打造中国特色新型高校智库。习近平总书记在党的十九大报告中指出："深化马克思主义理论研究和建设，加快构建中国特色哲学社会科学，加强中国特色新型智库建设。"由此可见，我国高度重视智库建设。然而，我国目前在推进中国特色新型智库建设的过程中还存在一些亟待解决的问题：在智库形态、运作以及治理模式方面已有模有样，但在发挥智库功能方面还有较大提升空间①；出现了一定程度的泛化、泡沫化、低水平传播等倾向；与国际一流智库相比，我国智库在创新能力和全球视野等方面仍有一定差距；不能满足新形势下国际关系的需要；改革推动力需继续增强；旋转门机制未能真正建立等②。教育对外开放，是不同国家之间相互学习、相互借鉴、谋求共同发展的过程③。因此，研究学习邻近国家（韩国）的教育智库，对推进我国智库及教育智库建设具有重要的理论价值和现实意义。

一、韩国教育开发院及其组织要素

韩国教育开发院（Korean Educational Development Institution）是韩国重要的教育智库，成立于1972年8月，并于1973年3月由《韩国教育开发院

---

①　关琳．新型智库政策影响力实证分析：基于"CTTI"内参与批示数据的计量研究［J］．江苏高教，2019（10）：46-51.

②　王莉丽．中国智库建设面临的问题与建议［N］．学习时报，2017-06-26（06）．

③　教育部．深入学习习近平关于教育的重要论述［M］．北京：人民出版社，2019.

育成法》予以确认。其隶属于韩国开发研究院的人力资源领域，是韩国政府资助的中央级独立自治的教育综合研究和开发机构。韩国教育开发院作为重要的政府部门，一直肩负着教育政策制定和实施的职责，在国家议程设置中起着举足轻重的作用。同时，韩国教育开发院开展各种研究项目，推动韩国教育向前发展，加强其作为教育改革和创新教育实践平台的作用。在韩国出生率不断下降、人口老龄化和第四次工业革命的背景下，韩国教育开发院逐步提高其研发能力，力求塑造符合发展需要的未来教育形态以及建立一个新的教育政策研究范式。韩国教育开发院曾在1978年被英国《大英百科全书》授予全球十大教育研发机构金禧奖，1992年荣获韩国文化最高奖——世宗文化奖，1994年荣获联合国教科文组织和捷克共和国教育部授予的柯米尼亚斯奖，2014年荣获韩国最佳公共服务大奖。经过多年的建设，该院与国际组织进行广泛合作，现已跻身世界级的教育智库行列。

世界发达国家和新兴经济体都非常重视智库建设，以实现政府科学决策、公共外交等计划。智库和公共外交作为构建国家"第二外交渠道"和"软实力"的重要途径，在国家形象、全球治理和意识形态等方面具有极其重要的意义和使命①。智库一词最早出现在二十世纪初，是用来表示"智囊"的英文俚语。从字面含义上来说，智库就是想法或智能的集合。一般而言，智库是由学科专家团队为决策者处理政治、经济、社会、军事、外交等方面的复杂问题提供思想及解决方案的组织机构。其特点和本质属性可概括为：具有独立性、非营利性，以公共政策为研究对象、以影响政策为主要目的②。其中，非营利性是指智库区别于企业组织，产出的是面向公共政策的思想产品；独立性犹如大学，"既能够接受和响应政府的政策和干预，又能对自身生存和发展高度负责"③。教育智库则是由教育学科专家组成的，为教育决策部门处理研究重要教育现实和理论问题提供思想、理论和方法的组织机构。高校智库、教育研究机构类智库属于教育智库。高校智库的含义是依托高校特色学科，聚集知名学者，以国家发展为导向，融

① 王莉丽.智库公共外交：概念、功能、机制与模式［J］.中国人民大学学报，2019，33（2）：97-105.

② 陈先才.台湾地区智库研究［M］.北京：九州出版社，2015.

③ 王晓阳，李彩艳.再论高等教育现代化的中国模式［J］.教育与教学研究，2020，34（8）：110-117.

合基础研究和应用研究，通过对重大现实问题进行跨学科、协同性、综合性的研究，为政府和社会提供智库产品，培育智库人才，集团队打造、机构建设、项目管理与平台发布于一体的综合系统①。各级各类教育研究院等机构也属于教育智库，其中国家性的教育智库属于为全国性教育决策问题提供智力支持的高端教育智库，地方性的教育智库则侧重于为地方的教育决策和实践提供思想指引。世界各国都在积极融入构建智库的时代浪潮中，而教育作为与国计民生息息相关的重要事业，教育智库的重要性不言而喻。教育智库作为一种智库类别，是一般智库的特殊化表现形式，主要是指由教育学科专家和其他相关学科专家共同组成的，为教育决策者提供处理相关问题的专业思想、策略选择等的公共研究机构②。在当前市场竞争日益激烈的环境下，组织形式的转变对于一个组织机构来说是非常重要的。有学者认为，"近年来，一些全球领先企业通过在组织设计中融入协调、合作、能力发展、打破边界和组织联系五项要素，成功地将自己的业务重心转向以客户为中心的发展模式"③。对于教育智库而言，其旨在协调引导不同的部门、人员集合起来，共同努力（合作）服务教育智库的客户，实现为政府、社会提供智库产品的目的。这是在组织服务导向与服务行为引导下，为满足服务客户宗旨的需要而进行的模式建构。具体而言，教育智库在作用上是为决策机构或决策者提供科学的教育思想产品。因此，它作为一种智库组织，在价值观上应该坚持合理和先进的价值观，即追求教育公平、促进个人的全面发展。从某种意义上来说，具有现代理念的教育智库应该是追求和促进教育公平，不断促进个人全面发展的组织机构。因此，它与近年来全球领先企业的发展模式中以客户为中心的理念具有内在的互通性。对于教育智库而言，特别是作为国家重要的教育智库来说，加强协调合作，促进能力发展，打破组织边界，建立组织联系是发挥其组织功能不可或缺的要素。因此，可以从协调合作、能力发展、打破边界和组织联系四个维度对韩国教育开发院进行组织要素分析。

① 全守杰，王运来．高校智库的涵义与特征［J］．现代教育管理，2016（1）：38-42.
② 郭婧．英国高校教育智库运作模式及资源保障研究：以伦敦大学教育学院为例［J］．中国高教研究，2014（9）：71-76.
③ 兰杰·古拉蒂，等．管理学［M］．杨斌，译．北京：机械工业出版社，2014.

二、韩国教育开发院的组织要素特征

韩国教育开发院的组织要素包括协调合作、能力发展、打破边界和组织联系，通过这些组织要素的结合，完成了其组织行动、资源整合和使命履行的任务。

（一）协调合作：组织引导与行动一致

教育智库的协调合作是指以组织引导的方式让不同的部门行动起来，并且强调合作以保持工作行动的一致性。对于韩国教育开发院而言，其通过工作专门化和部门化、命令链和正规化实现组织的协调合作。

（1）工作专业化与部门化。工作专业化是指根据目的和任务对工作进行更加细致的划分；部门化则是指通过协调共同完成工作，按关键要素决定和划分组织的各个部门。韩国教育开发院成立的目的在于不断革新教育体系，开展全面科学的教育专题研究，为未来可能面临的教育困境，提供合理的解决方案。其任务包括全面系统的国民教育发展政策研究；学校教育和领域创新的专业研究和支持；教师、学生和家长的政策研究与发展；高等教育创新研究、高校未来评估、高等教育研究与发展展望；人力资源教育与终身教育发展战略研究；支持中小学、师范院校、教育行政机构综合评价；教育调查与统计的研究开发与传播；资优教育的研究与发展；教育设施与民办教育设施投资项目的支持研究；国际合作、联合研究以及信息的收集和分析；制订和管理教师和教育政策官员的教育和培训计划。在充分考虑目的与任务的前提下，韩国教育开发院对整体工作进行合理有序地划分，确保目的与任务的完美达成，各科与各部门的协调合作。韩国教育开发院设有基于开放与合作的教育政策网络以支持教育政策的实施。而国家教育统计科和教育调查数据分析办公室一方面共同收集国家纵向和横向的教育数据，开展民调分析；另一方面为教育政策的制定和实施提供基础支持。此外，国家教育统计科为合作的国际组织提供统计数据以及相关资料，并收集和分析国际教育统计数据。全球教育合作研究办公室则开展全球教育信息和数据研究，探讨全球教育问题，加强国际组织机构间的合作。通过对教育政策的研究和对目的与任务的划分，韩国教育开发院对韩国教育发展工作进行协调与细化。韩国教育开发院由主席牵头，设有审核办公室，对主席工作进行监管，下设咨询委员会、副主席、研究计划及管理科、中小学教育研究科、高等教育研究科、未来教育研究科、教育政策研究科、国家教育统计科和管理支持科，每个科室都将工作进一步细化，涵盖教育发展需要的方方面面，既避免了重复研究、降低效率的情况，也使得各部门间保持了相对的独立性，能够进行更加客观、真实的研究。

（2）命令链和正规化。命令链是指成员之间的请示汇报关系。正规化是指组织中的工作实行标准化的程度，如果一种工作的正规化程度较高，就意味着做这项工作的人对工作内容、工作时间、工作手段没有足够的自主权。韩国教育开发院在命令链和正规化上表现出更加灵活多样的特征。韩国教育智库在项目管理方面采取"双口径"管理机制。韩国教育开发院需要向人文科学研究院上报研究计划与项目，接受其监督，所有的成果均应严格按照要求进行公开。但政府官员不能直接参与研究项目，应赋予教育开发院更多的自由空间①。

（二）能力发展：整合资源与提升能力

教育智库的能力发展主要指如何组织整合资源，帮助智库人员满足客户需求，实现服务客户的目的。韩国教育开发院的成立是为了革新教育体系，开展全面、科学的教育专题研究，在面对教育困境时能提供合理的解决方案。韩国教育开发院希望在教育政策研发方面担任领导者，提升研究成果在现实中的可行性，从而重新定位自身职能，顺应社会发展。因此，韩国教育开发院在能力发展上主要体现在如下几个方面：（1）加强政策的研究，为教育发展战略提供方案。韩国教育开发院在支持国家教育议程和提供政策建议的同时，开展各种研究项目，在韩国教育发展中发挥了影响政策制定过程的主导作用。其研究领域呈现出多样性和跨学科性的特征，即研究范围并不局限于国家当前以及未来的教育政策：从横向来看，教育政策的研究包含学校教育、高等教育、公民民主教育等多个方面；从纵向来看，除了教育政策，还涵盖对全球教育、联合教育、终身教育、数字及现代化教育和资优教育等领域的研究。（2）吸引、集聚众多高学历的人才，

① 蒋晓飞. 日韩智库比较及其对中国特色新型智库的启示 [J]. 法制与社会，2016（19）：248-249，265.

并配备大量的研究辅助人员，使得专职研究人员在项目研究方面的精力投入最大化。韩国教育开发院除了吸引大量高学历人才之外，还配有大量的研究辅助人员，使得专职研究人员在项目研究方面的精力投入最大化，几乎达到研究人员与辅助研究人员1∶1的比例。在智库研究人员薪酬方面，韩国智库人员均实行年薪制，收入水平和工作业绩密切相关。根据韩国开发研究院2011年年报，韩国教育开发院的人均年薪为7.5万美元，而当年韩国的国民人均收入只有2.2万美元。韩国教育开发院通过提供较高的薪酬水平，吸引了大量的优质人才，并且借此达到了提高研究人员工作积极性的目的①。（3）拓展智库的经费来源。韩国教育开发院作为官方智库，其组织的运行除由国家财政拨款外，还有私人企业分担研究经费，为国家和公民享受的教育提供专业化的理论支持，以及丰厚的物质支持是其不可推卸的责任②。（4）设立各教育机构评估范式并开展综合评价，为国家和民众提供广泛的服务。韩国教育开发院作为国家教育风向的引领者、教育范式的创新者，既服务于政府教育政策的制定和国家教育数据的收集分析，又为广大公众提供了更加优质的教育福利和资源。

（三）打破边界：增强直接服务客户的可能性

教育智库的打破边界功能主要指通过自身权力重心下移，设立专门的分支机构或部门，让这些部门拥有直接服务客户的权力，从而提供服务智库的产品。韩国教育开发院自1972年成立以来，就肩负着制定国家教育政策议程、支持相关教育项目开展实施、倡导未来教育所代表的价值观、增强教育创新研发能力、推动韩国教育高速发展的重任。面对社会发展的新需要，韩国教育开发院打破边界，在教育部、教育办公室和学校三者间担任枢纽和桥梁，在提高学校教育质量和培养未来人才的过程中，发挥着智囊团的关键作用。

（1）研究开发的精细化。韩国教育开发院专设有研究计划处、中小学教育研究科、高等教育研究科、未来教育研究科。中小学教育研究科又将研究项目细化到对学校教育、教师义务与责任、公民民主教育、政策倡议、教育调查和分析、地方教育财政六个方向。高等教育研究科将重点放在对未来高等教育范式的研究以及高校评估机制的研究上。在未来教育研究中，除了面向公众社会的终身教育和教育数字化研究以外，韩国教育开发院对全球教育问题和教育发展合作等方面也在贡献着自己的力量。

（2）建立学习生态系统，寻求智库产品创新。韩国教育开发院通过对国家教育政策的研究，以期对校园暴力、校外辅导和人文关怀等热点问题做出改善，并将学校与当地社区相联系，以创建一个良好的学习生态系统；韩国教育开发院为优质教育的实践提供指导和问题解决方案，通过研究与教育设施有关的政策，领导改善教育设施和环境，提高教育质量，为相关项目提供支持，并在推行已久并取得一定成果的义务教育领域不断寻求创新。

（3）为教育部门提供统计数据和指定的教育指标。韩国教育开发院不仅承担着为教育部门提供用于研究的统计数据的职责，而且指定和管理国际上比较需要的教育指标，收集和分析韩国和国际教育统计数据。

（4）与社会双向互动。韩国教育开发院与社会呈现双向互动、螺旋式上升的发展态势。作为国家重要的教育智库，韩国教育开发院涉及各级各类教育，服务群体广泛，其采用多样化的传播途径，使得研究成果不仅可以被决策制定者采用，又可惠及大众。即韩国教育开发院既为政府出谋划策，又为广大公众提供和传播更加科学的、通俗易懂的教育理念。例如，其出版物介绍了政府各种政策的含义和备选方案以及领域性很强的专业知识，提供国际和国内教育新趋势的信息和分析；其下属的韩国教育信息中心为民众提供韩国教育信息服务，为媒体提供及时、准确的韩国和世界教育政策领域的趋势、信息和新闻，并进行播报；各级部门在网络社交媒体中也开设了公众号，方便与社会大众沟通联系，积极收集意见建议，分析与吸收反馈，以优化组织的智库产品生产活动①。

（四）组织联系：与外部组织建立业务联系

教育智库的组织联系是指通过与外部组织建立联系，为国家、社会等

---

① 蒋晓飞．日韩智库比较及其对中国特色新型智库的启示［J］．法制与社会，2016（19）：248-249，265.

多方客户提供价值更高的智库产品与服务。韩国教育开发院作为一个国家教育政策制定和实施的官方智库，其与政府机关、其他研究机构、国际组织有着较为密切的组织联系。

（1）与国家行政机关建立业务联系。韩国教育开发院虽然是官方智库，但与行政机关是相对独立的。两者建立组织间的业务关系，实现组织联系。与其他各开发院一样，韩国教育开发院向国家经济、人文和社会科学研究会上报研究计划和预算。其没有财政的固定拨款，所有财政经费均以项目预算的形式下拨，并且对于国家经济、人文和社会科学研究会批准的所有研究成果均要严格按照要求进行信息公开。受其管理的智库虽然是官方性质，但是财政拨款尚不足总预算的一半，实际上已经部分实现了从国家财政的"剥离"。

（2）与韩国政府部门下属机构的组织联系。虽然韩国教育开发院隶属于开发研究会的人力资源领域，但它并不是孤立存在的，而是与国家经济、人文和社会科学研究会的其他三个领域（即经济政策领域、资源和基础设施领域和公共政策领域），在开展研究、数据统计分析、政策评价、未来教育的走向等多个方面有千丝万缕的联系。如韩国教育数据统计中心是国家教育统计科的下属部门，一方面提供用于研究的教育数据，另一方面与其他有关机构在统计领域开展合作，利用相关机构的数据为其提供所需要的指数。

（3）与国内外机构建立广泛的联系。在合作发展方面，韩国教育开发院的合作伙伴众多，与152家国内机构建立了密切的合作关系，这些机构包括中央和地方政府、教育机构和公共机构。同时，韩国教育开发院与当地政府、公共机构和教育机构建立了合作体系，致力于培养本土化人才。其还通过创建与当地社区共存的学习生态系统来支持各社区学校①。韩国教育开发院与经合组织、联合国教科文组织等国际区域组织保持紧密联系，积极与来自20多个国家、地区的30多个高等教育机构和教育组织开展教育发展国际合作活动，积极举办国际学术活动来交流分享研究成果，发布英文研究报告来传播本土的研究成果，为发展中国家提供教育援助，以期提升

---

① 张骏．智库与政府关系的调整与探索：以日本、韩国和新加坡智库为例［J］．智库理论与实践，2017，2（3）：64-70.

国际地位，建立一个更强大更紧密的国内外合作网络和全球伙伴关系，从而共同推进韩国教育研究发展。

三、韩国教育开发院的运行机制

韩国教育开发院作为国家重要的教育智库，通过协调合作、能力发展、打破边界和组织联系，实现了为国家和社会提供智库产品服务的组织目标。具体而言，协调合作是韩国教育开发院组织行动的集体导向，能力发展是整合资源的组织需要，打破边界是客户需求的客观需要，组织联系是服务优化的更高要求。

（一）协调合作是组织行动的集体导向

作为国家重要的教育智库机构，韩国教育开发院具有相当的规模，使命重大。在组织内部，如何建立起结构化的机制来促进不同的智库研究人员跨部门协调活动，为国家和社会提供智库产品，就显得尤为重要。这就需要通过工作专门化和部门化、命令链和正规化实现组织的协调合作。前者旨在强调教育智库分工的重要性，即分担相应的智库产品生产任务；后者则强调教育智库基于组织整体的一种合作关系，即通过请示汇报关系支撑组织为客户提供智库产品。二者相互融合，在任务明晰的基础上，相互支援、共同合作，对部门科室中存在的短板进行弥补，达到效果最大化，以实现目标。韩国教育开发院的部门组成仍在不断改革、优化组合，以使部门与部门、科室与科室间形成合力，在共同的目标面前努力达成合作共赢，避免相互推诿、任务职能空缺或重叠的局面出现。

（二）能力发展是整合资源的组织需要

能力发展是教育智库整合资源，提升智库人员的生产能力和水平，实现组织目的的需要。对韩国教育开发院而言，其目的是促进该国教育体系的革新。韩国教育开发院明确其最核心的任务——加强政策的研究和为教育发展战略制定提供方案，在此基础上他们注重政策研究、引才用才、拓展智库的经费来源、丰富智库产品类型，从而实现其组织目的与社会发展相协调。各方资源的全面整合和配置优化在韩国教育开发院的运行中扮演着重要的角色，一方面为研究者创造了良好的研究环境，另一方面满足了教育开发院基本运营的需要。

（三）打破边界是客户需求的客观需要

打破边界对于教育智库来说是至关重要的。由于韩国教育开发院是国家重要的教育智库，其智库产品面向国家，涉及各级各类教育，关系每一位国民的教育问题，因此容易导致规模庞大的智库组织出现客户信息不能通畅地传达到部分生产决策部门，造成客户需求与智库产品生产的错配、时间上的浪费，导致研究成果转化周期延长。韩国教育开发院设立了各专门的分支机构或部门，打破边界并赋权，简化工作流程，让这些部门拥有直接服务客户的权力，实现与客户的直线沟通，问题指向清晰，规避信息传递隔断或理解错误等不必要的麻烦，创新成果转化形式与途径，从而高效地为国家、社会提供服务智库产品。

（四）组织联系是服务优化的更高要求

组织联系对教育智库为国家、社会等客户提供价值更高的智库产品与服务方面具有重要的价值。良好的组织联系能够帮助智库产品更具科学性与有效性，也能够扩大教育智库的服务范围，获得更全面的教育数据与资源，提升其地位。韩国教育开发院虽然身为国家重要的教育智库，但并不是万能的，因为要"正视教育的多样性与多元化，结合研究的时空背景，在变动中把握教育的发展规律"[1]。因此，韩国教育开发院依然需要处理好与政府机关、其他组织或机构的联系，有时也需要向它们"借力"，从而达到提高产品服务力、提升产品影响力的目的。因此，从这个意义上来说，韩国教育开发院与政府机关、其他研究机构、国际组织有着较为密切的组织联系，这些组织不仅为韩国教育开发院当下的发展提供便利，也为韩国教育开发院的未来发展建立了强有力的支撑网络，并且在获得各机构和组织协助、达到优化服务要求的同时，也为政府其他机关，特别是发展中国家提供了帮助，实现互利共赢、共同发展。

四、讨论与启示

韩国教育开发院是一个系统性的智库组织，它的协调合作、能力发展、

---

① 曲涛，王雪梅，陈婷婷，等．教育、高等教育、高等教育结构概念探析［J］．教育与教学研究，2018，32（12）：14-19，112.

打破边界和组织联系等组织要素保障了组织的运作，加快了它作为国家重要的教育智库为国家、社会提供智库产品与服务的目的的实现。但韩国教育开发院作为教育智库并非完美，也存在不少问题。

（一）独立性有待进一步增强

智库建设着重于应对现实中的迫切问题，及时提供应急性的对策和方案。韩国教育开发院属于附属于政府的教育智库。如前文所述，韩国教育开发院虽然作为官方智库，但相对行政机关是独立的，即不属于政府及其主管部委的直属机构，而是与政府机关建立业务联系，淡化行政隶属关系。该院与原主管部委没有人、财、物的直接关系，只建立业务联系，但其仍然接受政府的资助。因此，凡是接受财政拨款的项目，无论资金多寡，一律受到相关研究会的审批和监管，这无疑又体现了政府主导的统合。韩国智库的最大特色是韩国政府整合政府各部门智库集中统一管理①。从这层意义上来讲，韩国教育开发院作为国家重要的教育智库，时刻受到政府的主导，财政、行政上的独立性较弱，智库发展所需的灵活性、可持续性及创新能力无法得到体现，并且在复杂的环境下，"政府官员为规避决策失误会带来的损失与风险，反而更依赖于专门从事相关研究的智库进行分析、提供政策建议或对策"②，忽视当前实际情况，使决策有效性和推行力大打折扣。因此，该院在政府需求、社会需要与学术研究之间如何达到平衡，并做到既尊重智库产品生产的学术性和独立性，又兼顾应用性和适用性是仍待解决的重要问题。

（二）研究人员岗位吸引力不足

韩国教育开发院的研究人员岗位薪酬具有一定的吸引力，吸引了不少高学历者加盟进行智库产品生产。据韩国教育开发研究院 2011 年年报，韩国教育开发院的人均年薪为 7.5 万美元，而当年韩国的国民人均收入只有 2.2 万美元。正是通过高薪酬才使得韩国智库得以吸引大量的优质人才参与智库研究，并提高了智库研究人员的工作积极性。但有研究指出，如果同

① 王佩亨，李国强，等. 海外智库：世界主要国家智库考察报告［M］. 北京：中国财政经济出版社，2014.

② 谷贤林. 智库对美国基础教育政策的影响：以斯坦福大学胡佛研究所为例［J］. 外国教育研究，2019，46（5）：41-51.

学历水平的人员进入金融研究机构，政府研究机构的收入水平只能相当于他们的 60%。相对于 LG 这样的民间研究机构，政府机构的研究人员的收入水平比他们要低 10%～20%①。这对吸引和留住智库研究人员构成了威胁，人才的严重流失极易导致研究质量下降。另外，由于智库产品的主要客户是国家，在研制各种教育政策方案时势必涉及诸多方面的博弈，会与国家其他产业在研究课题上发生重叠和利益冲突。且韩国教育开发院作为国家教育智库，与政府机关所关切的重点难免有不一致之处，这就有可能使得智库研究人员的部分智库产品不受重视，研究人员转向外部委托课题的研究，从而对其工作积极性造成不利影响，也使得智库产品过于功利化、利益化，有可能部分偏离了国家智库为国家服务的宗旨。

（三）受到智库产业发展的冲击

韩国除了类似韩国教育开发院的政府智库之外，还有多种多样的智库，智库产业较为发达，如高校智库、企业智库、社会智库等。这些智库对韩国教育开发院造成了一定的冲击。首先，与韩国教育开发院这样的政府型智库相比较，高校智库研究队伍专业性极强，学术性突出，资金充裕。高校智库在很大程度上充当着政治、学术与社会之间的纽带，在实践发展与理论创新之间起到沟通的作用②。与官方智库相比，虽然"高校智库远离权力中心，对决策层关注动向的掌握不够及时"③，但是在学术自由的传统下，高校智库的独立性更强，在智库产品的学理性上更具优势。其次，企业智库与产业界联系更为密切，对人力资源的管理与开发有着先天的优势，问题意识显著，可有针对性地开展研究且成果转化及时，这对韩国教育开发院的部分智库产品生产具有一定的影响。最后，社会智库与各种中介组织、广大民众有着密切联系，认可度高。其研究产品可直接面向公众，极少存在涉密问题，因此在与公众的互动上有得天独厚的优势，这也使得韩国教育开发院在研制教育政策方案时更关注公众的诉求。因此，韩国教育开发

---

① 国务院发展研究中心赴韩国智库专题调研考察团．韩国智库考察报告［J］．中国发展观察，2013（12）：35-39．

② 余晖，刘福才．英国高校智库：功能定位、运行机制和服务模式［J］．比较教育研究，2018，40（12）：59-66．

③ 李晶，刘晖．旋转门：高校智库服务政府决策的制度创新［J］．教育发展研究，2018（7）：53-57，84．

院作为国家重要的教育智库，如何面对智库产业发展的冲击，打造自身品牌形象，形成竞争力与影响力，根据社会发展趋势和自身组织特性生产出服务国家且接地气的智库产品是亟待解决的问题。

目前我国正在大力推进中国特色新型智库建设，努力建设一批"国家亟需、特色鲜明、制度创新、引领发展"的高端智库（这里的高端智库是国家级的智库）。我们在教育领域如何以有效的运行机制来为国家提供教育决策咨询的功能，并平衡政府需求、社会需要与学术研究的关系，增强智库对人才的吸引力，打造特色和树立良好的品牌效应，从而建成具有竞争力和影响力的国家级教育智库已经成为一个重要的课题。韩国教育开发院在协调合作、能力发展、打破边界和组织联系等方面的做法对我国教育智库建设也不乏启迪之处。

第四章　社会教育智库的角色与行动

　　社会教育智库是由社会力量资助，为教育决策提供决策咨询服务的社会性组织。社会教育智库是政府科学民主的决策信息来源的重要补充。长江教育研究院作为极具代表性的社会教育智库之一，是党政教育智库的有益补充，该院研究资金由民间出资筹集，主要来自项目经费、社会捐助和基金资助。中国高等教育学会是我国高等教育领域中规模最大、成立时间最长、影响力最广的学术性全国社团组织，是重要的社会教育智库。本章将以这两个教育智库作为典型的社会教育智库展开具体分析和研究。

第一节　长江教育研究院的智库特征与建设行动

　　党的十八大以来，习近平总书记就智库建设发表了一系列重要讲话，为我国建设中国特色新型教育智库指明了前进的方向。习近平总书记在党的十九大报告中指出：“建设教育强国是中华民族伟大复兴的基础工程，必须把教育事业放在优先位置，深化教育改革，加快教育现代化，办好人民满意的教育。①”推动我国教育智库健康发展，是国家教育治理体系和教育

---

① 习近平.决胜全面建成小康社会 夺取新时代中国特色社会主义伟大胜利：在中国共产党第十九次全国代表大会上的报告［N/OL］.人民日报，2017-10-28（1）.

治理能力现代化的重要内容。教育智库作为国家教育治理体系和教育治理能力现代化的重要组成部分，是一支重要的智慧力量。社会教育智库作为中国特色新型教育智库的有机组成部分，已经成为影响教育决策的重要力量，对推动教育改革发展具有积极的意义。长江教育研究院作为其中比较具有代表性的社会教育智库，其建设发展极具研究价值。

一、长江教育研究院的发展历程与发展机遇

（一）长江教育研究院的发展历程

长江教育研究院是研究国内教育政策的社会性研究机构。长江教育研究院是 2006 年 12 月 16 日在湖北省教育厅的大力支持下，由长江出版传媒股份有限公司和华中师范大学联合发起，长江出版集团承办的一所以研究教育政策为主要任务的研究机构①。时任中央政治局委员、中共湖北省委书记的俞正声同志在原省教育厅有关教育图书报刊资源划转到文化部门管理之后，为防止教育资源闲置浪费，要求进一步整合省内教育资源，大力发展湖北教育与文化产业，由此推动了长江教育研究院的成立。2009 年 3 月至 2014 年底，长江出版传媒股份有限公司从长江出版集团分离出来，成为集成果发布与教育政策咨询于一体的教育智库。在研究报告方面，长江教育研究院每年发布年度教育指数、中国教育指数及年度"中国教育十大关键词"。在组织教育智库论坛方面，从 2007 年开始，在每年的全国人大、全国政协会议召开前，长江教育研究院联合人民教育出版社合作举办"北京·长江教育论坛"。该论坛邀请全国人大代表、全国政协委员、知名教育专家和教育部有关司局领导共同探讨教育改革与发展问题，发布长江教育研究院年度《教育政策建议书》，联合北京大学、清华大学、北京师范大学、中国人民大学、北京理工大学、首都师范大学、华中师范大学、武汉大学、华中科技大学、湖北大学、湖北第二师范学院、湖北工业大学、湖北省教育科学研究院、武汉市教育科学研究院、湖北省教育研究室等高校和科研机构的专家学者编辑出版年度《中国教育黄皮书》，并在全国"两

① 付睿. 智库探观：长江教育研究院［J］. 华中师范大学学报（人文社会科学版），2019，58（2）：193.

会"上向全国人大和全国政协提出建议议案与提案，推动教育改革与发展创新。2017年，在周洪宇教授的倡导下，华中师范大学与长江教育研究院联合成立教育智库与教育治理研究评价中心，每年定期举办"教育智库与教育治理50人圆桌论坛"，在全国智库界产生了广泛而深远的影响。在教育智库的网络建设方面，长江教育研究院于2018年联合教育智库与教育治理研究评价中心、南京晓庄学院成功开发了中国教育智库评估系统（CETTE）。长江教育研究院发布的《中国教育智库评价SFAI研究报告（2018年）》中，全国共计61家教育智库入选2018年CETTE核心智库榜单，该院开创了系统评价中国教育智库的先河①。

教育智库为国家教育治理体系和教育治理能力现代化提供重要的智力支持，社会教育智库作为中国特色新型教育智库的有机组成部分，已经成为影响教育决策的重要力量，对推动教育改革发展具有积极的意义。长江教育研究院根据自身实际和发展环境对自身未来发展的定位从"教育政策研究与教育产品研发"拓宽至"教育政策研究智库、教育产品研发基地、教育咨询评估中心"，其职能从对教育政策研究和教育纸质产品的出版发行延伸至教育政策研究、教育纸质与电子动漫影像产品的出版以及教育咨询评估，即从原来的"一主一翼"发展到"一主两翼"，由原来的"政、产、学、研一体化"发展到"政、产、学、研协同化"，由原来的"民众立场、建设态度、专业视野"发展到"全球视野、中国特色、专业能力、实践导向"，由原来的地方化、区域化发展到全国化、国际化、全球化等，从而实现了新发展②。在强劲的发展势头下，长江教育研究院获得多项殊荣。2016年12月，长江教育研究院成功入选首批中国智库索引（CTTI）来源智库，在社会智库内MRPA测评综合排名全国第三（国内教育类第一名），MRPA资源效能测评排名全国第一，位列智库专家MRPA测评综合排序全国第二名。同年，长江教育研究院被中国教育智库联盟吸纳，成为"中国教育智库首批联盟执行委员会"成员单位。2017年入选中国社会科学评价研究院"2017年度中国核心智库"。2018年10月，在中国社会科学评价研究院主

① 郭伟，刘来兵. 教育智库的成长：长江教育研究院十年探索之路：访湖北省人大常委会副主任、长江教育研究院院长周洪宇（上）[J]. 世界教育信息，2017，30（2）：6-11.

② 长江教育研究院. 简介［EB/OL］.［2021-08-08］. http://cjjy.com.cn/jj-7-6hao/.

办的"第一届中国智库建设与评价高峰论坛"上，研究报告《加强制度创新——为中国教育现代化提供重要保障》荣获中国智库咨政建言"国策奖"。2018 年在中国智库索引社会智库类 PAI 值评分榜中排全国第二。2019年第四届"中国教育智库年会暨面向教育现代化 2035·探索教育协同创新发展研讨会"在北京召开，会上举行了首届未来教育创新成果颁奖典礼，长江教育研究院荣获"2019 年度最具影响力智库奖"①。经过多年发展，长江教育研究院作为对国内教育政策的社会性研究机构，由最初专注于教育政策研究发展为教育政策研究智库、教育产品研发基地、教育咨询评估中心等多维发展、辐射全国的教育智库。

（二）长江教育研究院的发展机遇

长江教育研究院自成立以来，以教育研究为基础、人才聚集为关键、政府指导为依靠、文化出版为手段、企业支持为支撑、论坛举办为平台、成果发布为途径，积极建言献策，努力形成特色，取得了令人瞩目的成就。长江教育研究院在北京举办"长江教育论坛"，定期发布教育政策建议书和年度中国教育指数，开展一系列教育问题的调查研究，为建设中国特色新型教育智库做出了不懈的努力②。长江教育研究院目前处于重要的发展机遇期。

首先，抓住政策契机，回应社会需求。我国教育智库类型众多，既有党政教育智库，包括隶属党政机关的教育智库、教育科学研究院系列的教育智库，也有高校教育智库及社会教育智库，但我国社会教育智库占全国教育智库总数的比例极低。长江教育研究院作为极具代表性的社会教育智库之一，是党政教育智库的有益补充，其资金独立，从民间筹集，主要来自项目经费、社会捐助和基金资助。长江教育研究院是以影响政府的教育决策为研究目标，从事教育政策研究，提供教育决策咨询服务，开发教育产品的非营利机构。中共十八届三中全会通过的《中共中央关于全面深化改革若干重大问题的决定》明确提出，加强中国特色新型智库建设，建立

①　长江教育研究院. 大事记［EB/OL］.［2021-08-08］http：//cjjy. com. cn/dashiji/#2020 年1 月13 日.

②　长江教育研究院. 教育智库扮演着一个重要的角色［EB/OL］.［2021-08-11］. http：//cjjy. com. cn/10yearssan/.

健全决策咨询制度。2015年，中共中央办公厅、国务院办公厅印发了《关于加强中国特色智库建设的意见》，提出"到2020年，统筹推进党政部门、社科院、党校行政学院、高校、军队、科研院所和企业、社会智库协调发展，形成定位明晰、特色鲜明、规模适度、布局合理的中国特色新型智库体系，重点建设一批具有较大影响力和国际知名度的高端智库"①。智库的建设与发展迎来了新契机，社会教育智库建设也如火如荼地进行。长江教育研究院成立之初意在响应时任湖北省委书记的俞正声防止教育资源浪费、进一步整合教育资源、大力发展湖北教育和文化产业的提议。在发展中，长江教育研究院进一步明晰了作为社会智库的地位和作用，主要任务是把教育政策研究与教育现实问题有机地结合起来，定期出版刊物、教育研究报告和组织教育论坛等，着力推动中国教育的改革、发展与创新。

其次，借助信息技术进步，抢抓发展机会。20世纪60年代，第五次信息技术革命实现了电子计算机的普及、应用以及与现代通信技术的有机结合，促使信息技术发展越来越走向综合化、数字化。一方面，信息网络技术不仅为社会教育智库建设提供了丰富的信息资源，尤其是互联网资源的快速更新，促使社会教育智库在信息的甄选和分析研究上更要做到具有实效性，注重结合国家当前教育改革趋势，同时要准确把握我国教育发展改革脉络，提出切实可行的教育公共决策建议，为智库产品的形成提供科学客观的依据②。另一方面，信息网络技术开拓了智库成果传播的新渠道，推动了智库成果走向思想决策市场，引起了社会舆论关注，提供了民主决策新通道，很好地发挥了社会作用，为我国教育公共决策提供了广泛的智力支持。

再次，社交媒体的发展为长江教育研究院带来新的发展机遇。社交媒体的建设和运营打破了政府对于党政教育智库的依赖，给予了长江教育研

---

① 中央政府门户网站.中共中央办公厅、国务院办公厅印发《关于加强中国特色新型智库建设的意见》[EB/OL].（2015-01-20）[2021-08-02].http：//www.gov.cn/xinwen/2015-01/20/content_ 2807126.htm.

② 贠金兵.民间教育智库建设：发展机遇与现实出路[J].西北成人教育学院学报，2017（5）：84-89.

究院更多的展现能力和提升可见度的机会①。网络受众的扩大，也使得教育智库的影响力获得提升。在社交媒体繁荣发展的背景下，长江教育研究院的自主性得到充分的体现，自身结构也得到进一步的优化。作为社会教育智库，为彰显研究成果和实力，长江教育研究院在社交媒体上公开发表看法与观点，接受社会大众的检验。社交媒体为社会教育智库的发展提供了一个相对低成本且受众广泛的宣传平台，促进其自身运营管理模式的优化，使其产品或观点迅速传播并获得反馈，也使得其必须接受大众监督，督促其树立自身良好的口碑。因此，在社交媒体蓬勃发展的时代，长江教育研究院作为社会教育智库，其关注度不断提升。

最后，国内外环境助推其发展进程。从国外环境来看，长期以来，西方国家主导的国际话语体系通过其学术群体、智库和媒体炮制"中国威胁论""新殖民主义"等针对性话语，采用"污名化"策略图谋遏制我国和平崛起②。在此背景下，智库作为衔接学术界、政界、商界和媒体的桥梁，负有相应的责任，应充分发挥维护国家形象和话语权的积极作用。长江教育研究院积极参与国际教育议题设置、研究和交流合作，广泛传播中国的教育实践经验和政策主张，增强在国际教育媒体和国际组织平台的话语权，力求将中国教育理念和教育主张有效传播出去，提升我国教育实力，维护我国形象。

当前，我国正处于由教育大国向教育强国迈进的过渡阶段，建设教育强国是我国教育发展的重大战略。在"百年未有之大变局"的背景下，我国展示出"中国之治"的定力、魄力与魅力。对于一个国家而言，国家治理必须善于集中各方面智慧、凝聚最广泛的力量。因此，长江教育研究院作为中国特色新型教育智库的代表，其角色是多元的，既要做好政府教育决策的智囊团，也要做好教育实践的领路人，还要担起人才储备、沟通教育、舆论宣传、政策评析等多项职能，提供优质的战略解析、政策支持、教育服务。长江教育研究院应逐浪前行，坚持走好中国特色新型智库发展道路，急国家之所急，心系社会焦点问题，以研究中国教育领域重大战略问题

①　朱旭峰，赵静．社交媒体时代中国智库发展面临的机遇与挑战［J］．治理研究，2021，37（1）：90-97.

②　朱旭峰．国家品牌建构中的智库角色［J］．对外传播，2020（2）：46-47.

和公共政策为己任，努力打造国家想得起、用得上、信得过的社会教育智库。

二、长江教育研究院的智库特征

长江教育研究院作为社会组织参与教育公共事业发展，这是在教育治理体制下的一次新尝试。治理理论作为一种新型的理论范式，强调国家与多元主体的合作，倡导通过权力分享、广泛参与、自由平等对话，关切公共理性和普遍利益。在社会转型的背景下，它契合了人们的多元化需要①。随着社会转型的进一步加快，教育相关利益群体不断涌现，公众对教育更加关注，也有了更加明确的要求。日益增长的利益群体的需要和传统的教育管理体制之间已有不可调和的矛盾，公众参与教育管理的诉求也在随之增长，由此导致原有的全能型政府所进行的教育管理效率和质量不能很好地适应公众的需求。长江教育研究院作为社会教育智库，体现出运行机制多元化、机构相对独立性、营利性与非营利性统一的特征，是公众与政府之间的"传声筒"。

（一）共同行动：运行机制多元化

长江教育研究院体现了社会组织与政府、学界等的有机结合。教育公共治理的落脚点在于共同的行动，即政府教育部门与社会组织相融合，共同发挥双方在信息获得、专业知识、政策交流等方面的作用。从性质上看，长江教育研究院属于新型"混合制"②。长江教育研究院由地方教育行政机构——湖北省教育厅发起，长江出版传媒股份有限公司承办，以华中师范大学等高校的学术机构和人员作为主力。教育行政机构只指导不参与领导，大学机构只参与不参办，文化教育出版企业只承办不参办。长江教育研究院探索出一种政府、学界、企业三者结合并充分发挥各自优势的教育研究、人才培养和产品开发相结合的新模式，形成了国内少有的"混合制"模式，其以湖北省为研究重心，影响和带动了全国的教育政策研究。由于长江教育研究院定位于社会教育智库，因此它的管理模式更为多样，摆脱了官方和半官方教育智库的管理模式，具有社会智库特点的组织架构和运营模式。

---

① 杜明峰. 社会组织参与教育［D］. 上海：华东师范大学，2017.
② 郭伟，刘来兵. 教育智库的成长：长江教育研究院十年探索之路：访湖北省人大常委会副主任、长江教育研究院院长周洪宇（下）［J］. 世界教育信息，2017，30（4）：6-10.

长江教育研究院从人才机制、组织架构等方面形成了多元化的运行机制。

从人才机制来看，长江教育研究院的核心机构由教育学术委员会和出版学术委员会组成，教育学术委员会由顾问、主任、学术委员、专家成员构成。顾明远和陶西平为现任顾问委员会主任，顾明远教授同时也是中国教育学会原会长，北京师范大学教授、博士生导师，国家教育咨询委员会委员；陶西平为国家教育咨询委员会委员、国家总督学顾问、WFUCA 副主席①。长江教育研究院主任由学术影响大、社会知名度高的专家——华中师范大学教授周洪宇担任，学术委员由国家级专家和省级教育学会研究人员组成，专家成员由国内或省内不同学科的知名专家组成。工作人员汇集知名教育专家、政府工作人员、大学教授等，根据发展需要在不同岗位或科室就职，并且在人员的聘用上借鉴西方的"旋转门"机制，政府人员与智库工作人员之间形成双向流动，突破了以往研究人员的组成单一化，虽有深厚的学术背景和专业知识，但对社会热点问题缺乏敏感度、难接地气的局面。相较而言，长江教育研究院分工明确，人员构成多元化，使其能够更大限度地保证研究成果的高质量。

从组织架构来看，长江教育研究院分为行政管理、科学研究和市场营销三大模块，在工作中实行既有密切联系又互不干扰的分工协作机制。长江教育研究院设有董事会、院务委员会、顾问委员会、学术委员会和出版委员会。其中，董事会、院务委员会、顾问委员会三者之间互相监督、相互制约；学术委员会从教育政策、基础教育、高等教育、职业教育、教师教育、民办教育、教育信息技术、教育评估八个方向分设有十四个研究中心，分别是教育政策研究中心、教育管理研究中心、基础教育研究中心、高等教育研究中心、职业教育研究中心、教师教育研究中心、民办教育研究中心、学前教育研究中心、艺术教育研究中心、特殊教育研究中心、教育信息化研究中心、课程教材研究中心、教育评价研究中心、数字化学习研究中心。这些研究中心也会根据国家和社会公众的教育热点与难点进行适当调整，更好地对社会需求做出回应。出版委员会下设四个研究中心，分别是大众出版研究中心、教育出版研究中心、专业出版研究中心、新媒

---

① 长江教育研究院. 专家介绍 [EB/OL]. [2021-08-12]. http://cjjy.com.cn/zhuanjiajie-shao/.

体出版研究中心①。长江教育研究院职责部门众多，划分精细，覆盖各个教育阶段与领域，不同部门之间良性互动，相互影响，环环相扣，有着长期稳定的联系和良好的互动机制。各部门各司其职，分工明确，安排合理，为长江教育研究院的良好运行奠定了基础。

（二）互补合作：机构的相对独立性

长江教育研究院作为社会教育智库，其机构具有相对独立性。在教育领域的改革中，决策者应避免"一放了之"和"全盘接管"的极端做法。在教育公共治理的制度安排中，政府无论是采用"一放了之"还是"全盘接管"，教育公平和教育的公益性都必然会受到挑战。从教育公共治理的角度来看，政府对社会组织从宏观上进行管理，在财政资源和制度规范方面提供保障，保证社会组织的有效运行和存在的合法性；社会组织则通过专业知识储备、咨询服务的提供等形式参与社会治理。二者互补合作，各取所长，各取所需，既能确保组织的运行，又能够推动教育公共议题的实施。长江教育研究院是在湖北省教育厅的大力支持下，由长江出版集团承办的一所非官方性质的教育智库，其在组织结构上独立于政府和大学之外，且研究立场和专业能力聚焦于自身的发展重点。一方面表现在长江教育研究院不是政府内设的政策研究机构，其财政支出不依赖国家财政；另一方面表现在其也不是各类院校和企业为自身发展而特设的政策研究机构。长江教育研究院在开展课题研究时，在课题的选择上充分考虑社会公众对教育的需要，往往更能关注到政府无暇顾及或暂时忽视的教育问题，体现出更强的洞察力。长江教育研究院追求的是教育公平的实现以及教育质量的提高，以客观公正的研究视角切入研究主题、进行独立研究，针对具体研究问题进行独立分析，进而提出切实可行的建议②。对于社会教育智库而言，无论是其研究问题的来源，还是策略、建议的提出，最终都要关切社会公众以及回应政府的需要。党的十八大之后，党中央对建立中国特色智库提出明确要求，长江教育研究院响应号召，在新形势下对自身定位做了调整，

① 长江教育研究院．组织架构［EB/OL］．［2021-08-02］．http：//cjjy.com.cn/zzjg/.

② 负金兵．民间教育智库建设：发展机遇与现实出路［J］．西北成人教育学院学报，2017（5）：84-89.

在人员聘用、资金投入、研究课题、议案提出等方面受到政府的指导与影响，也主动地加强与政府行政部门的联系，了解对方的需要①。这不仅使长江教育研究院在政策的提出、成果的转化、经费的支持等方面获得积极的反馈，也使其自身的建设和发展获得更加广阔的前景。

（三）上下互动：公众与政府之间的"传声筒"

长江教育研究院作为社会教育智库的代表，努力实现政府教育部门与公众的上下互动，发挥着"传声筒"的作用。教育公共治理理论强调协商，不同的社会群体对利益的分配和自身的需要都抱有不同的看法，因此决策的过程也是社会不同利益群体间进行利益协商的过程。政府将原有的教育政策决定权部分转交给社会组织，让政府、公共组织、社会公众三者形成一种平等竞争、合作协商的互动关系，在互动中逐步达成教育公共利益的最大化。上下互动的管理过程是教育政策出台与实施非常关键的步骤。如果教育主管部门在决策时行使绝对的管理和支配权，忽视社会公众的看法与需要，那么不同教育利益群体间的矛盾会日益突显。协商是教育利益相关者共同行动的基础，长江教育研究院在政府与公众间的沟通交流中发挥了作用。长江教育研究院作为社会教育智库的代表，专注于教育改革与理论的发展，其聚焦于教育公共政策的研究和分析，是公众与政府教育部门之间的"传声筒"，努力实现政府教育部门与公众的上下互动。作为社会教育智库的长江教育研究院，与学术研究机构不同的是，其不参与决策的制定，更多的是建言献策，站在公众的角度，为社会大众发声。这也是其区别于官方教育智库的一个显著特征，官方教育智库往往扮演着上传下达的角色，长江教育研究院则扮演着传递者的角色，汇集各方声音与意见，将民众的需求传递给上级决策部门，帮助政府部门更广泛地了解民意，体察民情。长江教育研究院作为社会公众需要的"传声筒"，将各方声音归纳整理，用更专业、科学、合法的途径传递出来。如长江教育研究院在2009年开始发布《教育政策建议书》，并在2010年的《教育政策建议书》中提出，教育改革要从地方做起，应支持地方教育的探索创新。除此之外，长江教

① 郭伟，刘来兵.教育智库的成长：长江教育研究院十年探索之路：访湖北省人大常委会副主任、长江教育研究院院长周洪宇（下）[J].世界教育信息，2017，30（4）：6-10.

育研究院还公开出版年度《中国教育黄皮书》，发布年度主题，并反映过去一年国内各级各类教育事业的进展。同时，长江教育研究院也组织撰写专题教育理论著作并出版教育类教材和其他教育图书。近年来，长江教育研究院对机构进行了调整，成立了长江教育研究院有限公司，用以推广教育产品。较之其他教育智库，长江教育研究院注重产学研的协同发展，重视成果的转化，以发挥其最大的社会价值①。长江教育研究院做出的众多举措和贡献所带来的经济效益是有限的，但长江教育研究院追求的目标并不在此，更多的是为了国家和社会公众的整体利益。

（四）公共利益：营利性与非营利性统一

长江教育研究院坚持以非营利性为主，同时拓展资金来源渠道，体现了一定的营利性。教育是公益性事业，应该追求公共利益。政府通过教育的世俗化和教育权的国家化，逐步加强甚至实现了对教育的完全控制，目的就是实现教育的公共性和公益性②。长江教育研究院作为民间教育智库具有一定的市场性，但市场性的引入并不全为了追求私利，致使教育的公益性发生缺失。如何确保教育的公益性是教育公共治理背景下教育发展的首要问题，长江教育研究院则在营利与非营利间努力做到平衡。

非营利性是一般智库的共同特征，即教育智库的决策不被投资左右，不因财政投入的主体要求而改变研究方向和成果。教育智库也向政府、企业、社会机构等提供服务，获得一定的回报。营利性则是指教育智库需要通过提供知识、智力、智慧性成果服务，获得有偿回报③。长江教育研究院在研究立场与决策能力等方面不受投资主体的导向，坚持以国家需要、社会公众需要为主，注重社会效益远甚于经济效益，有着极强的社会责任感。连续多年举办长江教育研讨会，研制并发布《教育政策建议书》，编撰年度《中国教育黄皮书》，将理论性的研究成果进行转化，无偿向大众公布。长江教育研究院有相对独立的筹资体系，主要依靠湖北省长江出版传媒股份有限公司。长江教育研究院有部分经费来源于项目出版基金资助，部分来

① 郭伟，刘来兵．教育智库的成长：长江教育研究院十年探索之路：访湖北省人大常委会副主任、长江教育研究院院长周洪宇（下）[J]．世界教育信息，2017，30（4）：6-10.

② 杜明峰．社会组织参与教育 [D]．上海：华东师范大学，2017.

③ 张武升．中国特色新型教育智库的本质特征 [J]．教育研究，2015，36（4）：16-19.

源于政府购买招标项目等。长江教育研究院凭借在湖北省教育领域的影响力和品牌效应，积极参与地方政府教育项目。例如，在政府采购招标中，长江教育研究院以雄厚的师资、丰富的经验、强大的实力中标"武汉市中小学教师培训"，起到促进区域内教育质量提升的作用。长江教育研究院通过自身的努力提升社会影响力，开展教育政策咨询服务，不仅获得服务回报，而且获得了社会各界教育人士的支持和捐助。长江教育研究院从2017年开始接受社会各界企业家的捐助，同时也对捐助者进行筛选。筛选原则如下：一是具有教育热情，发自内心热爱教育事业的企业家；二是只接受单纯的捐助，不能带有其他的牟利和宣传目的；三是捐助的资金要严格遵守合法、透明、健康的原则①。教育智库坚持非营利性，意在坚守为人民服务的宗旨，严防社会教育智库走入"唯利是图"、为利益牺牲研究的客观性和科学性的歧途。对于社会教育智库而言，一定的营利也同样重要，可以将营利转化为教育智库建设与成果质化的动力与来源，使教育智库自身获得快速的成长与发展。针对当前我国社会捐助市场尚不完善、资金来源渠道相对单一的局面，长江教育研究院重在实现营利性与非营利性的统一。

三、长江教育研究院作为智库的建设行动

长江教育研究院是一个新型社会智库和社会教育智库。长江教育研究院成立的主要目的是把教育政策研究与教育现实问题有机地结合起来，推动中国教育的改革、发展与创新，通过湖北辐射全国②。长江教育研究院的工作宗旨可概括为"教育政策研究智库、教育产品研发基地、教育咨询评估中心"，它主要从为教育政策的制定建言献策、编辑出版纸质刊物与书籍两个方面推进智库建设，实现其智库职能，发出作为社会性的教育决策思想库的声音。

（一）为教育政策的制定建言献策

长江教育研究院积极为教育政策的制定建言献策。我国正在积极推进

① 刘宏艳. 我国民间教育智库建设研究：以长江教育研究院为例［D］. 沈阳：沈阳师范大学，2018.

② 郭伟，刘来兵. 教育智库的成长：长江教育研究院十年探索之路：访湖北省人大常委会副主任、长江教育研究院院长周洪宇（上）［J］. 世界教育信息，2017，30（2）：6-11.

教育现代化进程，完善教育治理体系，提高现代教育治理能力。完善教育治理体系的第一步，是提升教育决策的法制化、科学化、民主化水平，这一过程中，教育智库扮演着一个重要的角色——其工作和成果可以为教育决策的法制化和科学化做出重要的贡献，同时其发挥作用本身也很好地体现了教育决策的民主化①。长江教育研究院精准把握国家教育战略和政策需求，紧跟时代步伐，针对教育均衡、教育扶贫、教育信息化和教育治理等重大议题先后展开学术研究和社会调研，主动向国家和教育主管部门建言献策，有力推动了我国教育事业的健康发展②。长江教育研究院每年3月初与人民教育出版社合作，在北京举办"北京·长江教育论坛"，到会的既有教育部的官员，也有教育部下属的两个最主要的研究机构（国家教育发展研究中心与中国教育科学研究院）的领导。每年两会前，长江教育研究院都会召开一次高端教育座谈会。长江教育研究院通过座谈会把其声音发出去；影响两会和两会的代表委员，吸引他们关注教育当中的重要问题。同时，该院力求提出的政策具有远见、高度、成效及影响。长江教育研究院几乎每年都会发布《教育政策建议书》，每年都会围绕一个主题提出十条左右的建议。例如，在2021年3月发布的《中国教育政策建议书》中根据加快高质量教育体系，为建成教育强国提供强有力保证的内在逻辑，分别从加快建设高质量基础教育体系，高质量高等教育体系，高质量职业教育体系，高质量教师队伍体系，高质量终身学习体系，高质量组织领导体系，高质量教育质量标准、监测和评估体系，高质量教育治理体系，高质量教育投入体系和高质量教育对外开放体系十个方面提出切实、具体的建议③。《教育政策建议书》中的建议会作为全国人大代表和全国政协委员的提案提交给全国人大和全国政协，反映到教育部、科技部、工信部、财政部等有关部门，以推动长江教育研究院智库研究成果和对策建议向决策者传播。

---

① 长江教育研究院.教育智库扮演着一个重要的角色［EB/OL］.［2021-08-11］.http：//cjjy.com.cn/10yearssan/.

② 华中师范大学党委宣传部.中国教育报：与时代同行　为改革奉献——长江教育研究院成立十周年纪实［EB/OL］.［2021-08-08］http：//xcb.ccnu.edu.cn/info/1031/1472.htm.

③ 周洪宇，付卫东，等.中国教育政策建议书（2021年版）［EB/OL］.［2021-08-12］.http：//cjjy.com.cn/2021政策建议书/.

（二）编辑出版纸质刊物与书籍

长江教育研究院积极编辑出版刊物和书籍，传播其调研成果、倡导的教育理念及政策。长江教育研究院陆续出版十一本《中国教育黄皮书》，主要包括年度主题与年度综述两大部分，其中上编年度主题，主要由政策建议、政策解读、名家论坛、教育指数组成；下编年度综述，主要由发展综述、聚焦热点、教育大事记、重要文献组成①。它与年度《教育政策建议书》不同，《教育政策建议书》不公开出版，而《中国教育黄皮书》公开出版。长江教育研究院还出版学术性杂志《长江教育论丛》。《长江教育论丛》创刊于 2015 年，半年刊，每年春秋两辑；《教育政策建议书》是一年一度的政策建议，带有前瞻性和引领性；《中国教育黄皮书》是一年教育情况的总汇，带有总结性和年鉴性。三者构成一个从学术、现实到未来的三维系统，各显其能。根据研究院的设想，该院未来还要陆续推出一系列教育读物，包括大众教育读物。长江教育研究院还组织撰写并出版专题教育理论著作。2007 年 9 月由湖北人民出版社出版的《中部教育论》从宏观、中观和微观三个层次论述了中部的教育，并对中部的教育发展现状进行了分析，找出教育问题的根源，并提供了解决建议方案。2010 年 3 月由人民教育出版社出版的《教育公平论》系统地论述了教育公平问题，通过对比国内外的教育，为我国目前的教育公平和构建社会主义和谐社会提供了理论参考。2016 年 11 月，长江教育研究院在建院十周年推出国内首套"教育智库与教育治理研究丛书"。丛书由国外专家、国内专家论教育治理为起点，收录了长江教育研究院教育政策建言、建议书等，是国内第一套针对教育智库与教育治理的研究性系列著作，对国内重大教育政策决策产生了积极影响②。该丛书由 14 本书组成，有《智库的力量——长江教育研究院历年教育政策建议书》《智者的建言——长江教育研究院顾问专家国是建言集》《全球教育治理——国外学者论集》等。同年，长江教育研究院结合十年院庆还组织编写了"全球教育治理研究系列"丛书③。长江教育研究院始终密切结合教育学术研究与教育政策研究，注重为教育政策建议奠定坚实的学术基础。

① 长江教育研究院. 出版与成果 [EB/OL]. [2021-08-08]. http://cjjy.com.cn.
② 长江教育研究院. 简介 [EB/OL]. [2021-08-08]. http://cjjy.com.cn/jj-7-6hao/.
③ 刘宏艳. 我国民间教育智库建设研究 [D]. 沈阳：沈阳师范大学，2018.

四、长江教育研究院的发展展望

长江教育研究院成立至今，已有十余载。作为习近平新时代中国特色教育智库，长江教育研究院未来的发展定位可以概括为"全、特、专、实"四个方面①。"全"是指全球视野。作为中国新型教育智库，长江教育研究院应具有广阔的视野，面对国际教育问题，应提出中国特色的应对策略；同时走出去，积极传播中国的教育实践经验和政策主张，将中国教育理念和教育主张有效地推广出去。"特"是指中国立场。长江教育研究院要做中国特色新型智库，应具有中国立场，坚持"四个全面"的战略布局，坚持社会主义方向，同时要负有国家使命，体现国家利益，创造并形成具有中国立场的理论政策概念或关键词。"专"是指专业能力。中国的新型智库要具备扎实的专业能力，要求实现精细化发展，而不是做谁都能做的事。长江教育研究院打造专业教育智库品牌，形成了自己的专业品质、专业优势、品牌优势，在一些重点领域形成核心竞争力，实现专业化。"实"是指实践导向。长江教育研究院提供的知识产品应具有实践的品质，以实践为最终归宿。长江教育政策研究院通过"长江教育论坛"、中华人民共和国全国人民代表大会、中国人民政治协商会议全国委员会、中国民主促进会中央委员会等多个平台，全国人大议案建议、全国政协提案以及统战系统等多种途径，将教育政策建议努力转化为推动教育改革发展的重要政策；同时在报纸、新媒体、自媒体平台等发表文章，举办论坛，以充分体现其作为教育智库的实践导向性。

长江教育研究院作为我国极具代表性的教育智库，在问题分析、政策解读、成果转化、建言献策等多个方面保持科学、客观的立场，在社会教育智库的建设方面已初具规模，成为能够影响国内教育决策的重要力量。但也要看到长江教育研究院发展过程中遇到的一些困难。一方面，就其内部来说，长江教育研究院在教育咨询评估方面较为薄弱，重大议题方面较难做到专家进行深度的共同商议。另一方面，长江教育研究院在经费支持、智库运营生存方面面临巨大挑战，资金来源渠道还需要进一步拓展。当前，

---

① 郭伟，刘来兵. 教育智库的成长：长江教育研究院十年探索之路：访湖北省人大常委会副主任、长江教育研究院院长周洪宇（下）［J］. 世界教育信息，2017，30（4）：6-10.

长江教育研究院正努力探索中国立场的新型教育智库发展之路，在新时代中抓住发展机遇，不断完善自身建设，提升服务能力，提供智力支持，努力助力于我国教育现代化建设和教育强国建设。

第二节 中国高等教育学会作为教育智库的嵌入式角色

2019 年 2 月，中共中央、国务院印发了《中国教育现代化 2035》。该文件在战略任务中提出：提高高等学校哲学社会科学研究水平，加强中国特色新型智库建设。面对《中国教育现代化 2035》对高等教育提出的新要求，教育智库在推进中国高等教育现代化进程中的作用日益突出。中国高等教育学会作为我国高等教育领域规模最大、成立时间最长、影响力最广的学术性全国社团组织，围绕中心、服务大局，坚持问题导向、聚焦研究重点，建设高等教育新型智库，成为高等教育领域的重要研究基地①。本研究将聚焦中国高等教育学会这一教育智库，理清其智库角色，探究其助力中国高等教育现代化的实践模式。

一、中国高等教育学会作为教育智库角色的分析框架

智库也称思想库、智囊团或脑库，它兴起于第二次世界大战后的西方国家，是在特定的政治、经济和文化的影响下，以影响公共政策和舆论为目的的一种政策研究机构。教育智库是智库的衍生概念和重要类别，是一般智库的特殊化。进一步说，教育智库主要以服务国家教育改革与发展，围绕教育与国家政治、经济和社会的关系开展专业化的政策研究。从其内部属性看，教育智库主要由一批在教育领域有影响力、有建树的教育研究专家和其他跨学科领域的精英组成，他们集中各自领域的资源，通过协同创新的方式生产出具有跨学科性的知识，以供政策建议所需的研究团体参考；从其外部属性看，教育智库扮演着研究者、咨询者以及建言者的角色，针对教育领域出现的新问题进行研究并做出反应，为相关政府部门解决问

① 中国高等教育学会. 学会简介 [EB/OL]. [2021-07-28]. https：//cahe.edu.cn/site/content/12767.html.

题而建言献策。教育智库也针对长久性的固定问题，如各教育阶段的改革与发展问题进行深入持续的研究，为国家教育事业的健康发展提供可信赖的智力支持和咨询服务。教育智库的内部属性与外部属性相互依存、相辅相成，合力构成了教育智库完整的内涵框架。政策研究咨询和智力资源供给是智库的核心业务。智库由跨领域、跨学科的专业精英组成研究团队，是根据资源整合的运行规则，通过特定组织形式和研究路径从事跨学科知识生产和决策转化的专业组织机构。其核心功能是为国家重大决策的制定、执行与评估，以及重大现实问题的破解提供咨询服务和智力支撑，致力于推动国家治理现代化、提升国家软实力、促进社会发展和公共利益实现、增强政策研究复合型专业人才培养[1]。

对于智库而言，其知识产品（即智库思想产品）的生产是核心功能，这是因为：（1）智库作为思想市场上的节点，在思想市场与对思想市场的需求之间起到了纽带作用；（2）当需求侧明确时，智库充当知识再生产的管理者与组织者[2]。这进一步表明智库在将原本偏向浓厚的理想主义的理论知识转为偏向现实世界的政策选择方案的过程中承担了三个主要角色：桥梁、组织者和管理者。因此，可从知识产品生产的角度对智库开展深入的研究。本研究在对中国高等教育学会的角色分析过程中，力图进一步从其组织角色出发，理清它作为智库如何在政府和市场的两侧"左右逢源"，即通过嵌入实现其核心功能。"嵌入"（embededness）是卡尔·波兰尼在其著作《大转型：我们时代的政治与经济起源》中提出的概念，最早用于分析市场与社会的关系。后来有学者认为，经济行为都嵌入社会关系之中，乃至所有的行为都嵌入关系网络中，并且嵌入可用以分析国家、社会与市场的互动关系[3]。中国高等教育学会是高等教育领域重要的教育智库，它是由高等学校、社会团体和教育工作者，以及支持高等教育事业发展的事业单位、行业企业和个人自愿组成的全国性、学术性、非营利性社会组织。该学会坚持运用"四新四真"的研究原则，开展重大攻关课题研究，努力

---

① 韩玉梅，宋乃庆．新型教育智库的组织形态和研究路径［J］．教育研究，2019，40（3）：145-153.

② 郑永年，等．内部多元主义与中国新型智库建设［M］．北京：东方出版社，2016.

③ 袁方成．嵌入式治理的赋权基础与路径：来自城市社区的经验分析［J］．江苏师范大学学报（哲学社会科学版），2019，45（2）：102-110，124.

推出高质量研究成果，为政府宏观决策、高等学校办学治校、高等教育改革发展和国际交流合作建言献策。中国高等教育学会作为具有重要影响力的教育智库，是政府与市场双向嵌入的组织，并在知识生产中将理想与现实双向嵌入、在知识管理中将知识生产与知识传播双向嵌入。因此，下文以"角色-嵌入"为分析框架，对中国高等教育学会进行探析，分析其角色及其嵌入特征，以期为我国教育智库建设提供可资借鉴的思路。

二、中国高等教育学会的智库角色

（一）思想产品生产与市场需求的沟通者

中国高等教育学会作为一个教育智库组织，是教育政策中思想市场与市场需求的沟通者。对于政府而言，依靠原有的计划与经验已经不能满足复杂的政策制定需要。根据全能型政府的管理理念，教育政策制定的方案是相对单一的，往往来源于政府本身及其政府官员，教育领域的所有资源均由政府控制。由于教育是以公益性为主的专业领域，政府管得过多过细反而使得政府自身负担过重，政策制定时对利益相关者的考虑欠妥，由此导致教育管理的效率低下。在此情形下，需要有思想市场的生产者提供重要的思想（论述）和多种政策方案。

中国高等教育学会是在中华人民共和国民政部注册、由中华人民共和国教育部主管的全国性的学术社团组织。从我国高等教育政策的需求来看，近年来高等教育改革不断深化，以满足广大人民群众对优质高等教育的需求，满足社会产业转型升级和国家实力增强的需要，这在客观上需要开展高等教育改革与发展的专题研究，并提出相应的解决方案和措施。一方面，国家层面对经济社会发展进行研判，对高等教育服务国家经济社会发展的角色、作用和维度等进行适当的改革。另一方面，国家在形成教育改革方案之前，需要"专业"的介入。此时，中国高等教育学会作为高等教育领域的智库组织，可以与中央政府相关部委进行对接，成为高等教育改革需求和思想产品生产的沟通者。党中央和国务院颁发相关文件，各部委和全国各地就如何贯彻落实需要开展调研形成实施方案。中国高等教育学会虽然是学术性社团组织，但是与教育部有着密切的联系，因此我国对于高等教育领域的理论研究、调查研究需求较容易传到该学会。例如，我国要实现从人力资源大国向人力资源强国、从高等教育大国向高等教育强国双重转变的目标，迫切需要开展相关研究。基于此背景，中国高等教育学会于2008年初启动了"遵循科学发展，建设高等教育强国"重大项目的研究工作，由陈至立同志任总顾问，周远清同志任项目领导小组组长。该项目同时获批"教育部哲学社会科学研究（2008年度）重大课题攻关项目"和"国家社科基金'十一五'规划2008年度教育学重点课题"。由此可见，中国高等教育学会作为一个教育智库组织，是教育政策中思想市场与市场需求的沟通者，是高等教育改革需求和思想产品生产的沟通者。

（二）思想产品生产的组织者

中国高等教育学会在充当思想市场与市场需求之间桥梁的基础上，将思想产品的生产付诸行动，成为教育智库产品生产的组织者。中国高等教育学会主要通过三种形式组织思想产品（即智库思想产品）的生产。第一种，中国高等教育学会直接接受国家有关部委的委托，组织研究人员开展研究工作。第二种，围绕高等教育领域热点、难点问题组织和发布课题申报，如根据《中国高等教育学会关于开展2021年度专项课题申报工作的通知》（高学会〔2021〕57号），专项课题分为19大类：（1）产教融合研究；（2）创新创业教育高质量发展研究；（3）地方大学改革发展重大理论与实践问题研究；（4）实验室管理研究；（5）数字化课程资源研究；（6）新形势下高等学校教育基金工作的创新发展研究；（7）新时代大学文化建设理论与实践研究；（8）机器人专业重点课程建设研究；（9）理科教育研究；（10）高校体育发展与应用研究；（11）高校宣传工作创新发展研究；（12）高校校友工作研究；（13）高校统战工作研究；（14）高校辅导员队伍建设与发展研究；（15）高等教育自学考试高质量转型发展研究；（16）高等继续教育研究；（17）高等职业教育研究；（18）高质量共建"一带一路"研究；（19）高质量教师教育体系建设研究①。第三种，中国高等教育学会下属的各分支机构根据其细分领域的热点难点问题组织开展课题申报，引导思想产品的生产。如中国高等教育学会教师教育分会向各会员单位组织

---

① 南京理工大学. 关于开展中国高等教育学会2021年度专项课题申报工作的通知〔EB/OL〕.（2021-05-17）〔2021-07-11〕. http://www.njust.edu.cn/02/0f/c69a262671/page.htm.

开展"现代化教育强国建设与教师教育改革"系列课题研究。该分会指出，为了深入贯彻落实《中华人民共和国国民经济和社会发展第十四个五年规划和 2035 年远景目标纲要》《中共中央、国务院关于全面深化新时代教师队伍建设改革的意见》《教师教育振兴行动计划（2018—2022 年）》等文件精神，进一步探索新时代高水平现代化教师教育体系改革、创新重大理论和现实问题，决定启动"现代化教育强国建设与教师教育改革"研究课题（以下简称"研究课题"）的申报工作。"研究课题"包括重大课题、重点课题和一般课题。其中重大课题包括中国共产党百年教师教育方针研究，新时代教师队伍建设与高质量教师培训体系构建研究，高质量教师培养体系构建研究，新时代教师教育质量评价创新研究 4 个方向；重点课题包括中国特色现代教师教育学科建设与创新研究，学前教师培养模式改革与创新研究，基于产学研协同的 STEM 教师教育实施路径研究，新时代美育教师队伍现状及建设路径研究，我国思政课教师队伍现状与培养培训体系构建研究，新时代教师教育专业标准构建与专业发展路径研究 6 个方向；一般课题包括心理健康教育教师的工作能力标准研究等 20 个方向①。从中国高等教育学会所组织的思想产品生产来看，这些思想产品与我国高等教育的改革和发展需求具有较强的一致性。因此，中国高等教育学会是我国高等教育政策中市场需求与思想市场的组织者。

（三）思想产品的管理者和传播者

中国高等教育学会不仅是高等教育改革需求和思想产品之间的沟通者、思想产品生产的组织者，而且是思想产品的管理者和传播者。中国高等教育学会充当教育智库思想产品的管理者和传播者的角色主要体现为：对高等教育思想产品进行管理和传播。如前所述，中国高等教育学会接受相关部委的委托或发布课题申报指南，组织高等教育思想产品的生产。生产环节之后，则进入管理环节。中国高等教育学会将课题研究成果及高等教育学术界的研究成果进行归集、分类、整理、汇编，从而实现对高等教育思想产品的管理。归集、整理和汇编工作有助于思想产品的传播，并影响高

---

① 中国高等教育学会教师教育分会.中国高等教育学会教师教育分会关于开展"现代化教育强国建设与教师教育改革"课题申报通知[EB/OL].（2021－06－10）[2021－07－11].https：//jsjy-fh.bnu.cn/kykt/fkzsktsb/115947.htm.

等教育政策的制定。

第一，通过组织座谈会、课题交流会等形式进行同行内部传播。

第二，配合行政管理部门参与会议，提交研究报告和调研方案，为高等教育政策的制定和完善提供方案和建议。

第三，召开会议，在进行思想产品生产的同时，也进行思想产品的传播。例如，中国高等教育学会举办的高等教育国际论坛年会是我国高等教育领域最具影响力的学术盛会，同时也是海外学者参与沟通的重要平台。

第四，通过收集、汇编高等教育学术界的研究成果传播思想产品，如中国高等教育学会主编的《中国教育科研参考》对中国高等教育学术界关注的热点进行检索、分类和汇编。以《中国教育科研参考》2020 年第 23 期为例，该期重点关注新文科建设问题，汇编了如下研究成果：《新文科建设的内涵与发展路径》《用科学精神引领新文科建设》《新文科建设需要解决好的三个前置性问题》《新文科：本质、内涵和建设思路》《新文科的学术范式与集群化》《新文科建设的三个理论前提》《跨越边界的思考：新文科视角下的社会科学实验室探索》。该刊在"编者的话"中指出，"新文科建设是建设高等教育强国的一种积极探索。2018 年教育部印发《关于实施基础学科拔尖学生培养计划 2.0 的意见》，'新文科'概念初现规模。其后，教育部相继在《教育部关于加快建设高水平本科教育 全面提高人才培养能力的意见》、'六卓越一拔尖'计划 2.0、《关于实施一流本科专业建设'双万计划'的通知》系列文件中反复提及与新文科相关的理念和措施，从而帮助我们更好地把握'新文科'的概念内涵与外延，构建中国特色高等教育文科人才培养体系，推动我国新文科建设"。

第五，通过专业期刊进行高等教育领域思想产品的生产与传播。中国高等教育学会借助其主办的会刊《中国高教研究》，积极推动高等教育领域思想产品的生产与传播。中国高等教育学会自 1983 年成立以来就确定了办会方针和宗旨，且以坚持"四个服务"为工作导向，即服务我国高等教育事业的改革发展、服务政府部门的宏观决策、服务高等学校的办学治校、服务高等教育学术研究的理论探索，体现出学会的社会价值。《中国高教研究》是宣传贯彻党和国家的教育方针，研究推进中国特色、世界水平的现代高等教育，引领高等教育理论与实践创新的思想库，交流宣传高等教育学术研究成果的主要阵地。《中国高教研究》始于1985年创办的《高等教育学报》，后于1992年更改为现名。它"风雨征程三十余载，它经历了探索积累—改革发展—创新提升三个阶段，同时也见证了中国高等教育研究的成长和中国高等教育学会的发展"①。以上述三个阶段为坐标，杂志在不同的历史时期承担着与之相适应的发展任务。探索积累阶段，我国正处于教育领域拨乱反正、教育体制改革亟需推进的重要时期，杂志坚持社会主义政治导向，围绕高等教育改革与发展宏观形势开展高等教育重大理论和实践问题研究是其根本任务；改革发展阶段，我国高等教育改革已经从摸着石头过河进入深水区，杂志在该时期的研究重点转向重点大学和重点学科建设，为将部分高校创建成为世界一流大学和高水平大学提供理论和实践上的支持。

三、中国高等教育学会作为教育智库角色的嵌入式特征

中国高等教育学会是我国高等教育领域成立时间最长、规模最大、影响力最广的学术性全国社团组织，负责开展高等教育思想产品的生产、管理和传播工作，肩负着影响高等教育政策制定教育改革和创新教育实践平台的责任，具有显著的嵌入式特征，即政府与市场双向嵌入、理想与现实双向嵌入、思想产品生产与思想产品传播双向嵌入。

（一）政府与市场双向嵌入

中国高等教育学会作为高等教育领域的智库，对政府与市场进行双向嵌入。中国高等教育学会作为成立时间最长、规模最大、影响力最广的高等教育智库，历届领导均来自我国教育部和著名大学，与教育部及高校关系密切（见表4-1）。同时，它又是相对独立的非党政机构。因此，一方面它是嵌入政府的，另一方面它是嵌入市场的。由于我国高等教育以公益性为主要特征，以提供非营利性的思想产品为主要任务。面对社会发展对高等教育智库产品的新需要，中国高等教育学会打破边界，在教育部、院校和其他机构（含海外的研究机构等）三者间担任枢纽的角色。第一，中国

---

① 王小梅. 一份教育学术期刊的责任与担当：纪念《中国高教研究》创刊30周年［J］. 中国高教研究，2015（2）：13-19.

高等教育学会与教育部建立组织间的业务关系，实现组织联系。第二，中国高等教育学会在院校及其他的社会组织三者间担任桥梁的角色，进行市场（社会）嵌入。教育智库的组织联系是指通过与外部组织建立联系，为国家、社会等多方客户提供价值更高的智库产品与服务。中国高等教育学会作为高等教育智库，其与政府机关、其他研究机构、国际组织（如OECD）有着较为密切的组织联系。例如，中国高等教育学举办的高等教育国际论坛年会邀请多个国家、地区的 30 多个高等教育机构和教育组织开展教育发展交流活动，分享研究成果，建立了更强大更紧密的国内外合作网络和全球伙伴关系。

表 4-1　中国高等教育学会各届理事会及会长

理事会	会长及简历
中国高等教育学会第一届理事会	蒋南翔，曾任清华大学校长，清华大学党委书记，中共北京市高校党委第一书记，教育部副部长，国家科学委员会副主任，教育部部长，中央党校第一副校长等职
中国高等教育学会第二届理事会	
中国高等教育学会第三届理事会	何东昌，曾任教育部党组副书记、部长、党组书记，国家教委党组书记、副主任等职
中国高等教育学会第四届理事会	周远清，曾任清华大学副校长，教育部副部长等职
中国高等教育学会第五届理事会	瞿振元，曾任教育部高校学生司司长，中国农业大学党委书记等职
中国高等教育学会第六届理事会	
中国高等教育学会第七届理事会	杜玉波，曾任北京理工大学党委副书记、副校长、党委常务副书记，北京航空航天大学党委书记，教育部党组副书记、副部长等职

（二）理想与现实双向嵌入

理想与现实双向嵌入促进思想产品与行动实践互动。对于很多致力于纯粹科学研究的机构（如大学中的理论研究机构）而言，其关注的是纯理论研究，偏重的是形而上的研究。当然，这些形而上的研究可能既包括虚幻的想象，也包括对现实存在的想象，但其中相当比例的理想在当前及近期是无法实现的。中国高等教育学会作为高等教育领域的智库，与传统意义上以行政管理为职能的行政机关不同，其围绕各种研究项目进行思想生产，以支持高等教育改革议程和提供政策建议，在我国高等教育发展中发挥了影响政策制定的作用。

（1）依托研究项目，积极开展思想生产。研究项目包含高等教育强国、世界一流大学与一流学科建设、"新文科"等多个方面。

（2）保障生产质量，由学会向全国组织研究团队，吸引、集聚众多大学的研究人员，保障研究质量。中国高等教育学会作为教育智库，一方面加强教育理论的研究和教育规律的探寻，增强对教育的认识；另一方面尊重教育规律和社会现实，科学合理地认知与评估教育论述和思想，形成政策方案，支持教育议程和提供政策建议。中国高等教育学会作为高等教育智库，既服务于教育论述研究、教育数据的收集分析等思想产品的生产，也支持政府政策的制定，从而为公众提供更加优质的教育资源。

（三）思想产品生产与思想产品传播双向嵌入

作为我国最具影响力的高等教育智库，中国高等教育学会为国家高等教育改革发展生产思想产品是其职责所在。

（1）受国家相关部委委托，承担相应的思想产品生产任务与发布课题进行高等教育思想产品生产。这两个方面相互融合，可以更好地实现高等教育智库思想产品生产的目标。

（2）通过整合资源，提高思想产品生产的嵌入能力。中国高等教育学会为高等教育智库整合资源，实现思想产品的生产。一方面，学会设立了67个分支机构，拥有会员单位450余个，形成了联系全国高等学校、覆盖众多学科和管理领域的组织平台，从而对思想产品传播进行嵌入。另一方面，通过建立良好的组织联系，提高思想产品的嵌入效率。组织联系对教育智库为国家、社会等客户提供价值更高的智库产品与服务具有重要的作用。良好的组织联系能够帮助思想产品更具科学性与有效性，也能够扩大思想产品的传播和服务范围，获得更全面的教育数据与资料，从而提升组织地位。

中国高等教育学会虽为我国最具影响力的高等教育智库，但并不是万能的。它依然需要加强与政府机关、其他的组织或机构的联系，有时也需要向它们"借力"，从而达到提高思想产品影响力和提升产品服务力的目的。因此，从这个意义上来说，中国高等教育学会与教育部等党政机关、院校、其他研究机构、国际组织有着较为密切的组织联系，不仅为当下的发展提供了便利，也为未来的发展建立了强有力的支撑网络。

四、中国高等教育学会作为教育智库助力高等教育现代化

2015 年，中共中央、国务院办公厅联合印发《关于加强中国特色新型智库建设的意见》，该意见提出了"努力建设面向现代化、面向世界、面向未来的中国特色新型智库体系"的指导思想。教育智库与智库一脉相承，中国特色新型教育智库的建设应与中国特色新型智库的建设保持相同的步调。中国特色社会主义背景下，中国高等教育学会作为教育智库，超越传统、破旧立新、转型发展，体现了中国特色新型教育智库的时代意蕴。新型教育智库在参与教育领域重大战略问题的破解和教育决策的制定时，遵循"三步走"的策略。首先，教育智库在教育决策制定生成前开展实地调研和实证研究，利用现代信息技术和科学的研究方法对搜集的数据资料进行系统分析，以提供科学的证据和知识理念。其次，教育智库可以对政策执行过程进行评估，即教育智库对政策的成效进行实时监控和科学评估，以保障政策执行不走偏。最后，教育智库可以对教育政策进行诊断性评估，诊断政策在指导实践过程中存在的问题并提出改进策略。中国高等教育学会除了作为教育智库进行高等教育智库产品生产的组织、管理和传播之外，还以外显的行动参与和推动中国高等教育现代化。

现代化是人类文明的一种深刻变化，它既是一个过程，又是一种状态①。高等教育现代化的内涵极其丰富，它的组成要素包括高等教育普及化、高等教育高质量、高等教育治理现代化、高等教育国际化、高等教育信息化、高等教育终身化等。高等教育现代化强调高等教育与生产劳动相结合，教育能生产出人的劳动能力，高等教育培养下的人才将自己的专业能力转化为社会再生产的资源，以促进社会经济发展与快速进步；高等教育现代化同时强调高等教育是一个开放性系统，大学作为知识生产和智力开发频率最高的社会组织机构，只有与外界不断地进行知识转移、信息传递、物质交换等才能保证学校教育与时俱进。中国高等教育以其高层次人

---

① 翟振元. 扎实推进高等教育现代化［N/OL］. 人民日报，2016-01-31（5）.

才培养和知识创新的属性成为国家实力的重要组成部分，对国家竞争力具有决定性作用，加速高等教育现代化是建设教育强国、提升我国高等教育话语权的必然选择①。中国高等教育现代化的进程不是仅靠几所顶尖大学和一部分专家学者推动的，教育智库的作用功不可没。中国高等教育学会作为高等教育新型智库，是由高等学校、社会团体、教育工作者以及支持高等教育事业发展的事业单位、行业企业和个人自愿组成的全国性、学术性、非营利性的社会组织。中国高等教育学会坚持"四新四真"的研究原则，开展重大课题攻关研究，努力推出高质量的研究成果，为政府宏观决策、高等学校办学治校、高等教育改革发展和国际交流合作建言献策。中国高等教育学会推动中国高等教育现代化的实践行动包括："产教联合"服务社会经济发展；以培训提高高等教育质量；坚持对外开放，促进国际交流与合作。

（一）"产教联合"服务社会经济发展

随着中国进入后工业化时代，高新技术产业蓬勃发展，知识和科学技术成为助力社会发展的燃料，服务业经济逐步取代制造业经济登上新时代的舞台，政府行政模式也由单一的全能型管理向服务型管理转型。高等教育为适应社会需求，与企业的关系向多元化发展。从最初单一的买卖关系，即高校创造知识、培养人才作为商品向企业输送，或者高校从企业购买科研、教学、后勤管理等所需的仪器设备，发展到合作关系，即"产教联合"。企业是社会财富的直接创造者，但是激烈的市场竞争迫使企业不断向外界寻求新知识和新技术，以提高企业技术创新能力。企业仅凭一己之力难以进行技术创新，特别是核心科技的创新与应用，更需要与大学进行合作。

中国高等教育博览会（简称"高博会"）为施行"产教联合"提供了一个开放的大平台。高博会是由中华人民共和国教育部主管、中国高等教育学会主办的亚洲领先的集高等教育学术交流、教学改革成果推介、现代教育高端装备展示、教师专业化发展培训、科研成果转化、科技创新企业孵化、技术服务、贸易洽谈等为一体的高品质、综合性、专业化的著名品

① 眭依凡. 建设高等教育强国 加速高等教育现代化：提升高等教育国际话语权的必须选择[J]. 中国高教研究，2015（7）：6-8，12.

牌活动。2019 年春季博览会中，诸多一流高校和知名企业在"5G+人工智能创新发展论坛"中就智能时代下教学模式和人才培养模式的革新展开了讨论。浙江工业大学王万良教授在报告中指出：人工智能已经成为许多高新技术产品中的核心，是抢占产业发展制高点的关键技术。同时针对当前企业发展对人工智能专业人才的迫切需求，他就新工科背景下人工智能专业的课程设置、教学方法、人才培养中存在的问题及解决策略等发表了自己的见解。除此之外，北京邮电大学郭莉教授、复旦大学赵卫东教授、戴尔科技集团 CSG 首席技术专家张涛、沐盟集团董事长吴家富等嘉宾围绕数字化产业发展现状、新工科背景下人工智能专业建设和教学方法、当今数字化人才培养校企合作关键要素等内容分别做主题报告。该论坛是"产教联合"共商共建、合作发展的典型代表，通过借助高博会这一平台举办类似论坛，高校与企业在同一空间下就各自的需求和挑战进行无障碍沟通与交流，一是有利于加深对彼此的了解，二是促进二者达成共识，校企合作携手服务社会经济的发展，保证高等教育与时俱进，加快现代化进程。

（二）以培训提高高等教育质量

当前我国高等教育办学规模和毕业人数已居世界首位，但规模扩大并不意味着质量和效益的增长，走内涵式发展道路是我国高等教育发展的必由之路。宏观的高等教育内涵发展关注高等教育系统结构的改善和优化，高等教育系统办学能力和办学质量的提升使高等教育发挥出更大的功能；微观的高等教育内涵式发展以提高人才培养水平和质量为目的，关注所采取的各种举措及其所产生的效果[①]。依据上述高等教育内涵式发展的倡导及其解析可以总结出：高等教育的发展除扩大规模外，还应当高质量地发展，高质量在宏观上体现为高校办学高质量，微观上体现为人才培养高质量。宏观与微观发展相辅相成、相互制约，协同促进高等教育的高质量发展。办学质量的提升需要高校管理者统筹规划，主持校内全面工作的同时处理好对外的公共关系；人才培养质量的提升则依靠教育者在教学工作相关方面做好努力。

建立中国高等教育培训中心（简称"中心"）是中国高等教育学会助

---

① 别敦荣．论高等教育内涵式发展［J］．中国高教研究，2018（6）：6-14．

力高等教育高质量发展的一个重要途径。该中心以"聚焦高校立德树人、提升高等教育质量、服务高等教育改革创新"为使命，以师资培训、干部队伍建设为主要内容。信息化时代，互联网+教育、大数据、人工智能等新兴技术在教育领域得到广泛应用，推进了高校教育教学工作与三维数字化、虚拟仿真化、网络互联化等全新教育方式的深度融合。2019年春，中国高等教育培训中心面向全国各高等院校领导及相关学科专业负责人举办"数字化建设"专题培训班，特邀国内知名高校数字信息领域专家向参培对象开展关于数字技术与教育教学深度融合新实践等内容的培训。同期，为进一步加快创新创业师资队伍的培养和课程体系建设，落实创新型人才培养，中心面向各高校创新创业相关工作部门负责人、各院系专业课教师和辅导员举办"高校创新创业教育师资高级研修班"，以帮助高校教师了解创新创业教育的最新教学方法和理念，掌握创新创业教育所需的新模式、新工具和新方法，提升他们在教学实践过程中解决问题的能力，为培养出创新型人才打下坚实的基础。学生知识素养和人格素养的提高离不开教育者高质量的教育教学及个人品质的影响，而师生质量与管理者的管理水平又共同促进了办学质量的提升。

（三）坚持对外开放，促进国际交流与合作

中国作为全球最大的发展中国家，所面临的农村教育、贫困人口教育等问题对于其他发展中国家而言亦具有相似性。中国高等教育学会积极地与其他国家的学术组织建立起稳定的交流机制，在构建高等教育学术共同体方面发挥了积极作用。中国高等教育学会以服务"一带一路"倡议、建设"中巴经济走廊大学联盟"交流机制、举办"亚洲教育论坛"、派出高水平学术交流出访团组等为载体，深化人文交流、拓展合作领域、推进学术成果共享，已与美国、英国、加拿大、巴基斯坦、哈萨克斯坦等十余个国家的学术组织建立起稳定的交流机制，在构建高等教育学术共同体方面发挥了积极作用。杜玉波指出，"建立多类别的联合学术研究项目，必将为中巴经济走廊建设提供技术、人才、案例和成功经验等重要学术支撑，必将进一步拓展中巴双方在各领域合作的深度与广度。中巴两国高等教育各有特色、各有探索，各自为本国经济建设、社会发展贡献了力量。同时，两国的高等教育又有广泛合作的良好基础和现实需求①"。中巴联盟高校建设旨在通过合作科学研究、合作人才培养、合作师资培训以及学术成果交流共享来引领两国高等教育改革发展和整体质量提升。如在"中巴经济走廊大学联盟"交流机制第二次会议期间，浙江大学、香港理工大学和巴基斯坦国立科技大学共同签署了三方联合培养博士研究生项目的合作协议以推进留学生教育，培养国际化高素质人才。同时，会议还围绕创新创业、信息工程、农业生物科学、医学健康等主题举办了四场分论坛，通过持续的交流与探讨，促进不同国家和地区在学术成果的转化与利用方面进行深层次的务实合作。

继建立"中巴经济走廊大学联盟"并建立联盟交流机制以来，中国高等教育学会又成立了"一带一路"研究分会，分会的任务在于针对"一带一路"建设中面临的重大攻关难题开展研究，为决策部门提供咨政建言服务；加强与沿线国家的科教合作，开创人才培养新模式；打造国际学术交流新平台，建立教育共同体；开拓沿线人文研究，做好公共外交；提升中国话语权，参与国际教育治理。"一带一路"的对外开放新模式除了成为支撑中国经济增长的新引擎外，也为我国实现高等教育国际化带来了前所未有的机遇。"中巴经济走廊大学联盟"及"一带一路"研究分会的建立更体现了学会积极对外交流合作，协同攻坚难题，提升中国高等教育国际影响力，从而助力中国高等教育现代化。

---

① 中国高等教育学会．杜玉波会长率团出访巴基斯坦并在学术论坛上发表主旨演讲［EB/OL］．（2017-09-06）［2021-07-28］．https：//www.cahe.edu.cn/site/content/12959.html.

第五章　高校教育智库的运作模式与支持体系

高校教育智库是依托高校学科专业，通过研究重大教育现实问题，为政府和社会提供教育智库思想产品的组织机构，它是体现高校多元化功能、服务于国家和社会的一种形式。华东师范大学国家教育宏观政策研究院、江苏大学规划发展处（教育教学研究与评估中心及高等教育研究所）以及新加坡国立大学公共卫生智库（主要依托苏瑞福公共卫生学院）是具有代表性的高校教育智库。本章将以这三个教育智库作为典型的高校教育智库展开具体分析和研究。

第一节　华东师范大学国家教育宏观政策研究院的组织特征与支持体系

智库是一个随着社会发展不断变化的概念，真正意义上的现代智库起源于欧美发达国家。关于智库比较权威的界定出自詹姆斯·麦甘（James G. McGann）博士团队发布的《全球智库报告》。报告指出，智库是分析、参与公共政策的研究组织，针对国内和国际重大问题进行政策调研和咨询，进而引导政策制定者和公众做出明智抉择。教育智库是致力于为政府和公众提供政策性和应用性知识、思想、策略，发挥"以智辅政""以智启民"

功能的机构①。智库是国家软实力的重要组成部分，越来越受到世界各国的高度重视，加强智库建设，依靠智库服务支撑国家战略和重大决策，成为世界许多国家政府治理改革的重要趋势。我国也相继出台多份文件，掀起了智库建设的热潮。2013 年通过了《中共中央关于全面深化改革若干重大问题的决定》，提出加强中国特色新型智库建设，建立健全决策咨询制度；2014 年 2 月，教育部启动《中国特色新型高校智库建设推进计划》，提出推进新型高校智库建设，为党和政府科学决策提供高水平智力支持；2015 年 1 月，中共中央办公厅、国务院办公厅印发《关于加强中国特色新型教育智库建设的意见》，从指导思想、基本原则、总体目标等多个方面进一步落实了中国特色新型智库建设。

我国教育智库一直以来都致力于服务教育决策，关注前瞻性的重大教育问题②。教育智库的主要任务是致力于顶层设计，服务政府决策；搭建协同交流平台，提供重要政策咨询；培养人才，丰厚公共智力储备；等等。本节以华东师范大学国家教育宏观政策研究院为例，深入解析该研究院的发展历程、组织结构及其特点，以及相关的支持体系，以管窥教育智库的组织特征与支持体系，为教育智库的发展提供经验和思路。

一、华东师范大学国家教育宏观政策研究院的历史与使命

（一）发展历程

华东师范大学国家教育宏观政策研究院（National Institutes of Educational Policy Research）成立于 2013 年 12 月，简称宏观院。2014 年 12 月 5 日，在教育部和上海市人民政府的指导和支持下召开了"十三五"教育发展规划战略研讨会，"会议讨论了进一步加强教育部和上海市人民政府合作，深化教育综合改革，共同支持上海教育科学研究院与华东师范大学合作建立国家教育宏观政策研究院"③。

---

① 褚照锋，李明忠．智库背景下高等教育研究机构的组织特征、职能使命及发展对策［J］．高校教育管理，2018，12（5）：71-78.
② 田慧生．当前教育智库建设的形势、方向与思路［J］．中国教育学刊，2016（11）：1-6.
③ 本刊记者．上海市教育科学研究院与华东师范大学联手打造国家教育宏观政策研究院［J］．教育发展研究，2015，35（1）：85.

2015 年 1 月 20 日，中华人民共和国中央人民政府网公布《关于加强中国特色新型智库建设的意见》（简称《意见》）。《意见》指出：要构建中国特色新型智库发展新格局，推动高校智库发展完善，发挥高校学科齐全、人才密集和对外交流广泛的优势，推动高校智力服务能力整体提升。着力打造一批党和政府信得过、用得上的新型智库，重点建设一批全球和区域问题研究基地、海外中国学术研究中心①。针对《意见》的精神内涵，华东师范大学国家教育宏观政策研究院的任有群认为：经过长时间的发展我国已形成"准教育智库"体系，该体系以师范院校和各级教育科学院为主干，其他各类高校和研究机构为补充。结合我国各师范院校、各级教育科学院与各级教育行政部门、各类教育机构有着长期联系的实际，在此基础上形成的教育智库更能与各级教育有机融合②。2015 年 12 月，教育部与上海市人民政府协议共建教育经济宏观政策研究院，由华东师范大学与上海市教育科学研究院联合承建。国家教育宏观政策研究院暨教育经济宏观政策研究院③，2020 年入选首批上海重点智库。在 2020 年由长江教育研究院和方略研究院联合发布的《2020 全球教育智库影响力评价 PAP 研究报告》中，宏观院入围全球教育智库前 20 强（排名第 18），位列国内教育智库第 1 名。

（二）职能使命

第一，提高教育决策科学化、民主化水平，促进中国教育治理体系和治理能力现代化。宏观院的组织建设目标是"聚焦国家需要，建成中国特色新型智库；瞄准学术前沿，建成教育决策研究世界高地；发挥专业优势，建成教育改革创新策源地；打造数据平台，建成世界一流教育大数据中心；汇聚人才队伍，建成教育决策研究人才基地"。宏观院站在国家宏观教育战略的高度，以国家重大需要为导向，针对经济产业布局、社会发展与制度创新等重大问题，从经济、产业、区域、社会等多角度全方位地对教育问

①　新华社. 中共中央办公厅、国务院办公厅印发《关于加强中国特色新型智库建设的意见》[EB/OL]. （2015−01−20）［2021−08−02］. http：//www.gov.cn/xinwen/2015−01/20/content_2807126. html.

②　以科学决策促进教育现代化［EB/OL］. （2015−06−02）［2021−08−02］. http：//www.moe.gov.cn/jyb_ xwfb/s5148/201506/t20150602_ 188800. html.

③　华东师范大学国家教育宏观政策研究院. 国家教育宏观政策研究院机构简介［EB/OL］［2021−08−02］. http：//www.niepr.ecnu.edu.cn/215/list.htm.

题展开综合研究。其目的在于：全面对接国家和经济社会对教育发展的需求，为国家宏观和全局教育决策提供支持，为国家教育决策科学化和治理现代化提供专业支撑。例如，宏观院曾对"现阶段我国的教育公平""当前高等教育类型层次结构""上海高考改革的学校与社会影响"等诸多社会热点难点问题进行深入研究，为国家教育决策提供理论与方案支持。

第二，促进教育公平，提高教育质量，完善中国特色社会主义现代化教育体系，以办好人民满意的教育和建设人力资源强国为价值追求。宏观院以国家宏观教育政策和教育发展战略研究为重点，结合国家改革与发展中的重大理论及现实问题，以教育整体规划与综合改革为突破口，为破解重大问题提供思路和理论依据。作为教育智库的宏观院落实国家关于新型智库建设的要求，服务国家社会的发展，聚焦国家急需，着眼社会未来长远需要，努力贡献既有前瞻性、战略性，又有针对性、操作性的研究成果，着力打造服务国家宏观决策的思想高地、一流的国家教育智库和有世界影响力的中国智库品牌。该院尤为注重调查研究，强调形成各种形式的成果予以传播，具体形式包括专题研讨会、专家咨询会、学术论文、媒体文章等。

第三，培养教育决策咨询人才，服务于国家教育决策科学化和民主化，致力于提升教育决策咨询研究水平。开展"教育决策与政策分析"博士培养专项计划，通过博士培养方向与方式的探索与创新，为各级教育行政部门或管理机构提供具备基于决策系统和大数据政策研究分析、管理改进和决策支持系统驾控能力的人才。

二、华东师范大学国家教育宏观政策研究院的组织特征

（一）宏观院的组织结构

1. 下设中心分布

宏观院组织机构的构成属于典型的"扁平化"管理模式。所谓扁平化，就是减少组织层级和管理环节，实施任务和目标分解，采取分权式管理，各分权部门人员一般不固定，依据项目需求流动轮岗，实现人尽其才、才尽其用，提高管理效率和效能。通过管理重心下移，赋权专业人员发挥潜

能，有利于应对快速变化的环境挑战，提高组织的适应性①。宏观院扁平式管理体系分设六个研究中心，分别是教育政策与管理研究中心、区域与教育发展战略研究中心、教育决策系统研发中心、教育与社会调查研究中心、成果传播中心、教育治理与改革研究中心。

教育政策与管理研究中心从多学科视角开展实证研究与规范研究相结合的教育政策分析与教育管理研究。研究团队由政府与公共治理、教育与社会发展、教育管理与政策分析等领域的研究人员组成。

区域与教育发展战略研究中心着力增强为区域发展服务的针对性和实效性，为国家与区域发展提供智力支持。研究团队由区域经济学、教育经济学、教育管理学、教育政策学等领域的研究人员组成。

教育决策系统研发中心深入融合教育与信息技术，借助教育科学决策系统整合各行业数据，以问题为导向深度挖掘数据资源，充分发挥系统检测评价、预测预警功能，全方位立体式反映各级各类教育进展、问题与未来。

教育与社会调查研究中心持续开展教育与社会调查，建成高质量、品牌化教育数据库，为教育政策研究和教育决策提供实证基础，服务教育决策。研究团队由教育政策、社会学、统计学等领域的研究人员、博士后等组成。

成果传播中心的主要任务是开展学术研究，提升宏观院的政策影响，咨政建言，在打造一批具有高度专业和政策价值的咨询报告成果方面发挥积极作用，进而传播研究成果，引导公共舆论。研究团队由有关科研人员、科研管理人员、专栏编辑人员组成。

教育治理与改革研究中心聚焦我国教育发展的重大理论和实践议题，立足多学科视角，综合运用经验与思辨方法开展决策咨询研究，着力打造高等教育治理与民办教育政策两个特色方向。研究人员主要由高等教育学、教育政策学、教育管理学等领域的专家组成。

---

① 李清刚，黄崴. 新型教育智库的评估机制探析［J］. 教育理论与实践，2016，36（34）：32-35.

2. 研究团队构成

宏观院研究团队由专家团队、博士后合作导师、全职科研人员、博士后四部分组成。研究方向包含成人教育、高等教育、教育政策、经济学、管理学等多个方面，为研究教育决策建议、教育热点问题提供了有力的学科人才支持。除此之外，宏观院设有博士研究生"教育决策与政策分析"专项计划，旨在通过探索、创新博士培养方向和方式，为各级教育行政部门或管理机构提供基于决策系统和大数据开展政策研究分析、管理改进和决策支持研究的人才。

3. 成果传播途径

宏观院的研究成果发表由成果传播中心负责，并设有官方网站，作为对外信息的公示和传播平台。宏观院研究成果传播形式多样，包括研讨会、咨询会、座谈会、期刊、书籍以及在主流媒体上公开发表言论等。同时，成果传播中心将每季度工作内容整合形成简报，在官方网站进行公布，做到公开透明，方便其智库产品的传播，扩大和提升宏观院的社会影响力。

4. 工作评价体系

智库是为政府和社会提供智库产品的平台，可将其看作一个类似企业的组织。企业是以客户为导向的。宏观院为党和政府教育决策提供专业建议与支持，参与重大教育政策的研究与制定，提供具有重要参考价值的报告。教育政策实施的成效，必须通过科学的手段予以监测和评估。宏观院作为华东师范大学的独立实体研究院，其工作运转受教育部、上海市政府等多方面的监督与指导。例如，上海市哲学社会科学规划办对宏观院一年来的工作计划落实情况进行调研；上海市教委对宏观院进行建设成效评价；教育部对宏观院建设情况进行考察；等等。多方的监督、指导与反馈对宏观院后续工作的运行与改进指出了明确的方向、提供了有价值的信息。

（二）宏观院的组织特征分析

《中国教育现代化 2035》提出，要提高高等学校哲学社会科学研究水平，加强中国特色新型智库建设。韩玉梅指出，新型教育智库的时代意蕴主要体现在制度安排之新、运行规则之新和作用机理之新①。

（1）在制度安排之新方面，宏观院是在教育部与上海市人民政府指导下，由教育部、上海市人民政府、华东师范大学、上海市教育科学研究院四方共建。在四方共同协商的基础上，建立了完善的组织形式和管理制度规范。宏观院下设六个中心，每个中心职责明确，分工合作，各中心分别设有负责人，将权责落实到个人。宏观院还探索了教育智库的多种咨询服务模式，包括开展专家咨询会、进行实地考察、形成咨询报告等，并多次在主流媒体发声，提升宏观院的政策话语权和公共影响力。

（2）在运行规则之新方面，宏观院集合了来自多个研究方向的多名研究员，加之实现了教育部、上海市人民政府、华东师范大学以及上海市教育科学研究院的跨部门、跨领域合作，统筹资源，建立协同创新机制，改变了政府教育决策部门征询智力支持的单一路径，实现了自下而上的经验总结和问题反馈体系，形成了政府决策和智库机构之间的双向互动机制。

（3）作用机理之新，即知识生产机制的突破与创新。宏观院下特设教育决策系统研发中心，融合教育信息技术，整合各类行业数据，思辨的同时注重实践调查，强调对客观事实、数据等科学证据的采集与系统分析，充分运用大数据进行创新研究。

有研究从组织要素视角确立了目标要素、人员要素、条件要素、技术要素与客户要素五大维度，对国家高端智库建设试点中的6家一流高校智库进行研究，以探讨其运行机制②。本研究从教育智库组织建设的视角，通过对宏观院发展历程、职能使命、组织结构的深入剖析，发现宏观院具有以下五个特征。

第一，目标要素：立足社会需要，服务国家发展。从宏观院的院情介绍不难发现，其中提到"以办好人民满意的教育和建设人力资源强国为价值追求"。宏观院多次对与人民利益切实相关的教育热点问题进行调查研究，关注毕业生职业发展问题、上海高考改革带来的学校与社会反响、规

① 韩玉梅，宋乃庆．新型教育智库的组织形态和研究路径［J］．教育研究，2019，40（3）：145-153.

② 韦岚，全守杰．中国一流高校智库的组织要素与运行机制：基于中国6家一流高校智库的分析［J］．高校教育管理，2017，11（5）：81-87.

范义务教育阶段办学秩序的研究等，并形成了有价值的研究报告。

第二，人员要素：人才实力雄厚，研究领域广泛。从人员机构来看，宏观院的院长梅兵负责学校党委工作，主要研究领域为神经生物学。常务副院长桑标现任上海教育科学研究院院长，主要研究领域为儿童早期社会认知的发展、青少年的社会认知发展及其情绪调节。执行院长柯政现任华东师范大学教育学部副主任，主要研究方向有教育政策、教育社会学、课程理论、学校组织发展等。副院长钱冬明是上海终身教育研究会常务理事，主要研究方向有评价和决策、数字媒体、数字数学应用等。副院长张文明主要研究方向有农村社会学、组织社会学、教育社会学。另外还有来自不同学科、不同方向的研究人员。从宏观院领导者的背景可见其人才实力雄厚、研究领域广泛，为宏观院的教育政策咨询与研究提供了多学科视角，进而提升了政策咨询的客观性和严谨性。

第三，条件要素：整合多部门多种资源。条件要素是指智库所蕴含的来自高校、机构、基地等方面的资源。宏观院是教育部与上海市人民政府协议共建、华东师范大学与上海市教育科学研究院联合承建的教育智库，可直接获得来自教育部、上海市人民政府、华东师范大学以及上海教育科学研究院等方面的资源支持。这些不同的部门与机构都能为宏观院提供强有力的人才、资金、政策和技术支持。

第四，技术要素：以数据支撑科学决策。在当下大数据、人工智能的时代，仅仅依靠专家学者的知识、理论与实践经验已经无法满足时代发展和研究的需要。大数据技术革新了数据收集的方式，对于消除人工统计数据的主观性和不确定性有重大意义，提升了数据精准分析的可能性，大大提高了研究的信度与效度。将大数据技术应用于智库，可以提高智库研究的预测能力，有助于研究机构提出更具建设性的意见[1]。宏观院下设教育决策系统研发中心，建立了教育与经济、科技、人口、产业以及国际比较的系统框架和分析模型，进行以问题为导向的教育科学决策专题研究，充分发挥大数据的监测评价、预测预警功能，进而使决策咨询建议更具说服力和公信力。

---

① 王保华，胡羽.教育智库转型：战略定位与发展理路［J］.中国高等教育，2020（11）：41-43.

第五，客户要素：为政府部门咨政建言。客户要素主要指智库知识和思想产品所面向的客户。从宏观院的职能使命来看，宏观院的目的在于全面对接国家和经济社会对教育发展的需求，为国家宏观和全局教育决策提供咨询支持，为国家教育决策科学化和治理现代化提供专业支撑。宏观院的服务主要面向党和国家，因此它是为党和国家重大教育决策提供智力支持的机构。从宏观院的工作内容来看，宏观院多次受相关上级部门委托开展民办教育集团化办学政策研究、职业教育教职工编制改革专项调研、参与教育部重要文件的研制等。宏观院更多的是立足于中国改革发展的实际需要，从战略角度予以统筹思考、科学规划。

三、华东师范大学国家教育宏观政策研究院的支持体系

随着教育改革发展的不断推进和深化，我国教育智库对政府宏观教育决策发挥的作用日益增大。教育智库也演化出多种形式，不同的组织形式有不同的支持体系。

申国昌、程功群根据建设与管理主体的不同，将教育智库划分为四类，分别是政府教育智库、高校教育智库、民间教育智库、混合教育智库[①]。政府教育智库由政府及教育行政管理部门设立，经费主要来自财政拨款，人事管理由政府负责；高校教育智库隶属大学，主要包括各高校设立的教育研究机构，主要经费来源于学校内部拨款、课题经费、教育赞助及社会捐助等；社会教育智库由民间发起成立，民间出资建设并体现民间的声音和需求；混合教育智库是指由政府、行业及高校等联合建立的教育智库，该类型的教育智库综合了三者的优势，多方共建，资源共享，互利共赢。

徐魁鸿依据智库与政府部门关系的密切程度和经费来源将教育智库划分为三种类型，分别是依附型、独立型和中间型[②]。依附型教育智库由政府设立，依附于某个政府机构之下并享受全额财政资助；独立型教育智库由民间团体或个人利用自筹经费创建；中间型教育智库既不依附于政府部门，又和政府保持较为密切的关系，在我国主要是高校内设立的各类教育研究

① 申国昌，程功群 . 中国特色新型教育智库的角色定位及建设路径［J］. 华东师范大学学报（教育科学版），2018，36（6）：85-92，157.
② 徐魁鸿 . 我国教育智库的现状、问题及发展策略［J］. 教育与考试，2020（3）：87-92.

机构，运行经费直接或间接来自政府拨款。

　　根据以上观点，宏观院属于混合教育智库和中间型教育智库。宏观院由教育部与上海市人民政府协议共建、华东师范大学与上海市教育科学研究院联合承建，组织机构基础主要依托华东师范大学。换句话说，宏观院是设在华东师范大学的、具有较为显著的高校智库特征的教育智库。宏观院属于半官方性质，从人员组成来看，宏观院内的工作与研究人员大多来自华东师范大学，不受政府部门直接管理，属于高校的学术人员，与党政智库研究人员相比具有较大的自主性；从任务目标来看，政府教育智库或依附型教育智库的任务主要集中在理论研究和建言献策两个方面，而宏观院这种中间型教育智库除了上述任务外，还承担了培养人才的任务。宏观院性质的特殊性，造成了宏观院经费来源的多样性。宏观院的研究经费来源于教育部、上海市人民政府、华东师范大学等。依据宏观院要务公开信息可见，宏观院曾受教育部委托，承担内地民族班教育发展规划课题研究，也受有关部门委托调查"三区三州"教师队伍建设等。

　　在智库体系中除了政府与智库之外，还存在着第三类核心组织——研究基金。政府在智库体系中处于思想产品需求者的地位，智库是思想产品的提供者，而研究基金则提供了智库赖以生存的资金需求。一定程度上，政府既是思想产品的需求者，也是研究基金的提供者。研究基金通过编制项目指南将政策决策者的知识需求分解转化为具体的科学研究问题，再通过复杂的项目申请和科研管理程序实现与智库专家之间的委托代理关系。同时研究基金与政府建立建议渠道，通过各种形式将专家意见直接输送给政策决策者。研究基金的支持对于智库的生存运转有着重要意义，对于智库方面来说，想要获得这种支持，需要通过研究基金所需要的项目申请①。研究基金也是宏观院支持体系中不可或缺的一部分，宏观院在 2020 年度国家社会科学基金教育学项目立项名单中有 3 项课题获立项资助。除此之外，宏观院另获数项课题，如教育部人文社会科学项目和中国博士后年度基金项目的支持。

---

　　① 朱旭峰．发挥研究基金在智库体系中的作用［N/OL］．学习时报，2015-07-13（5）.

四、研究建议

（一）进一步打破人员流动壁垒，组建高层次研究人员队伍

人才是决定智库建设的最根本因素，各国先进智库无不把人才队伍建设作为促进自身发展的基本保障，把高学历、跨领域、国际化作为人才队伍建设的重要标准。宏观院的人才绝大多数来自高校教育领域内的专家学者，虽然研究方向多样，但大都在教育学、经济学、管理学范围内，其中大多数为教育学的学者，缺乏自然科学，尤其是数学、统计学等方面的教育决策研究人才，最突出的是缺乏高素质的熟悉经济社会发展和教育政策，了解国情、省情、市情且具备一定专业能力的智囊人才。相比之下，发达国家智库人员构成极具多样性，并形成合理比例。例如，美国著名智库兰德公司的研究人员来自50多个国家、从事各种学科研究，整个研究团队在工作经验、学术训练、思想观念、政治理念、民族、性别和种族等方面都相当多元化，使智库研究工作具有很好的覆盖性和很强的综合分析能力。有研究指出，我国教育智库人员独立性不足，研究方法和手段滞后，创新力不强，社会影响力较弱[1]。

在西方国家，为了提高智库和智库人员的创新力，智库和政府之间存在一种特殊的人才交换通道——旋转门，即让智库内的研究人员进入政府部门工作，给研究人员提供更多跨领域工作的机会，同时从政府退休的官员也会回到智库担任研究人员的角色，使更多的政策建议可以输送到政府官员手中，提出的建议也更具有可操作性。

随着全球化的剧烈发展，教育问题也由局部问题演化为全球问题，教育智库人才队伍的国际化与高流动性，以及跨部门、跨地区的项目合作已经成为国际教育智库交流的常态。将教育智库的发展放在国际层面，加强国际教育智库的交流与合作显得十分必要[2]。教育智库也要顺应全球化发展趋势，牢牢把握全球化带来的时代机遇，在人才、资金、项目、成果等诸

---

① 付卫东，付义朝．我国教育智库建设的现状、问题及展望［J］．华中师范大学学报（人文社会科学版），2017，56（2）：167-176.

② 谭玉，张涛．教育智库建设的国际比较及对中国的启示［J］．情报杂志，2017，36（9）：106-111.

多方面展开国际交流和合作，明确自身存在的缺陷和不足，不断引进国外优秀人才、借鉴国外管理经验，主动打破人员流动壁垒，创新体制机制，广泛引进具有不同教育背景和工作经历的人才，组建多元化、高层次、国际化的人才队伍，吸收不同观点，融合多方立场，使得教育决策咨询更充分、全面且客观，从而进一步完善我国特色新型教育智库的建设。

（二）采用多种方式，扩大研究成果影响力

各国教育智库都非常重视发布最新研究成果，通过多种渠道，特别是充分利用现代传媒，优化研究成果的发布和输出，扩大教育智库的社会影响力。随着第四次工业革命的到来，在技术创新和海量需求支撑下的中国经济迅猛发展，其中社交媒体的发展更是日新月异。以微信、微博为代表的成熟社交媒体的社会渗透率迅速攀升，以 Facebook、Twitter、抖音为代表的社交媒体巨头凭借海量的用户群体与数据、多样化的传播策略和方式，勾勒出网络"新世界"。迅速崛起的社交媒体为智库发展提供了前所未有的契机。新媒体环境促使智库在网络互动过程中展现出更强大的思想引导力量，多元化的社交媒体平台催发了一个更加完善的公共政策辩论平台的形成，为智库影响力的有效发挥提供了新契机[①]。

一般而言，智库发挥其成果作用、形成影响力的渠道主要有：出版发行期刊、研究报告、书籍；定期举办研讨会、报告会、培训班、讲座、论坛等；在电视、电影、报纸等大众媒体亮相；通过网络免费向社会提供大量研究成果等。宏观院下设专门的成果传播中心，形成了多种形式的成果传播方式，但在报纸、网络、电视等媒体上的曝光率可以进一步加强，从而进一步提高成果传播影响力。与国外发达国家智库相比较，我国教育智库建设历史不长，智库研究人员运用新媒体扩大影响力的能力相对较弱。如今，全球各国的智库机构纷纷采用社交媒体平台扩大影响力。例如，兰德公司、布鲁金斯学会等著名智库已经同时在 Twitter、Facebook 等社交平台开设了账户，智库的研究成果与活动报告等可以第一时间在全球范围传播。宏观院可以把握时代和新媒体发展机遇，优化研究成果宣传渠道与方式，

---

① 朱旭峰，赵静．社交媒体时代中国智库发展面临的机遇与挑战［J］．治理研究，2021，37（1）：90-97.

扩大研究成果宣传范围，提高其作为教育智库的社会影响力。

（三）进一步拓宽资金来源渠道，寻求多方支持

对于智库而言，稳定、持续地获得资金是其维持运行的重要因素。我国教育智库正处于发展阶段，建设高水平教育智库离不开资金的支持，我们应该建立多元化经费筹措机制，寻求多方支持，这在一定程度上也有利于保证教育智库运行的相对独立性。

我国的教育智库属于全额拨款单位的占绝大多数。政府对智库的资金投入主要来源于国家社科规划项目基金、教育部人文社科项目基金以及教育部人文社科重点研究基地项目基金。当下，经费不足仍是制约我国教育智库发展的因素之一。因此，筹措经费是智库发展的核心工作之一。就宏观院而言，其主要资金来源有政府资助、研究委托、基金会支持。而教育智库一般的经费来源除了固定的财政拨款外，企业支持与社会捐助也必不可少。各国智库的资金来源虽然包括政府拨款，但更多的是依靠研究合同款项、会议费、活动收入、出版收入、基金会和企业捐助、个人捐款等方式[1]。对于宏观院而言，下一步可以争取企业、社会捐赠以进一步丰富经费来源。

（四）不断丰富评价主体，充实评价体系

评价是指挥棒，对智库建设具有重要的导向、激励作用，建立完备的智库评价体系与评价方案有利于加强中国特色新型智库建设、推进教育治理体系与治理能力现代化，提升智库建设质量，形成良好的智库品牌与口碑。现阶段，我国教育智库的内在体系和外部功能是教育智库评价标准的基础和依据，其中智库自身建设和运行情况与智库影响力是两个主要的指标。例如，2014 年 1 月，上海社会科学院发布了《2013 年中国智库报告——影响力排名与政策建议》，该报告以智库的决策咨询影响力、学术影响力、公众影响力和智库成长与营销能力共同构成了对中国智库影响力的评判标准[2]。但是由于智库对政策产生的影响难以衡量，我国的评价体系中

---

① 田慧生. 当前教育智库建设的形势、方向与思路［J］. 中国教育学刊，2016（11）：1-6.

② 赵蓉英，刘卓著，张畅. 国内外智库评价研究进展［J］. 情报科学，2021，39（6）：185-193.

很少涉及。从宏观院的发展来看，宏观院曾在 2020 年由长江教育研究院和方略研究院联合发布的《2020 全球教育智库影响力评价 PAP 研究报告》中，入围全球教育智库前 20 强（排名第 18），位列国内教育智库第 1 名，其影响力可见一斑，但是在其公开的所有信息中都难以找到宏观院对政府决策的影响力评价，也未曾找到相关信息关于宏观院自身建设与运营情况的评价。数据及资料的不透明导致对宏观院的评价工作难以进行，也是其评价机制不完善的表现。

为此，我们可积极借鉴国内外智库评价的先进理论与实践，不断探索，形成更权威、完整的评价体系。例如，国外一般有健全的与决策咨询相关的法律做依托，为各类智库的咨政活动提供明晰的规则和指引。以美国为例，"智库"被以法人的形式写进法规中，并受到法律的约束和规范，明确规定了智库的权利和义务。我国也可借鉴美国经验，建立健全具有中国特色的智库建设政策体系，为智库的运作与建设塑造良好的制度生态。除此之外，国家的监察制度改革也为教育智库构筑了一道法治思维的防火墙，监察委员会能够实现对国家公职人员的全覆盖。本轮国家检查制度改革试点方案明确把公办的科教文卫体等事业单位的管理人员和群众自治组织中的管理人员列入监察对象范围，这一举措有利于推动教育智库建立风清气正的咨询生态环境①。

第三方评价的方式也是国际上常用的评价方式之一。英国智库咨询人员须由咨询工程师协会审查合格方能成为会员，咨询企业申请入会要经咨询工程师协会审批，未经审批入会者不得开展咨询业务。咨询企业若向海外开展咨询业务，则由海外协作事业部统一管理②。我国新型教育智库也可借鉴此方式，成立全国性和地方性的咨询协会，加强自律管理和建立新型教育智库的信用约束机制。另外也要建立严格的智库成果评价机制，如兰德公司著名的"内部评审制"，对每一项研究计划通常都聘请两位未参与该项目的资深研究人员作为评审，负责中期和结项审查，以确保研究水平及其权威性。中国教科院提出"质量立院"的发展方针，把制度建设作为提升

---

① 李清刚. 论高校教育智库的善治与监管 [J]. 高教探索, 2019（2）: 29-34.

② 李清刚, 黄崴. 新型教育智库的评估机制探析 [J]. 教育理论与实践, 2016, 36（34）: 32-35.

质量的基本保障①。

在信息化高速发展的今天，新媒体及时交互、无限兼容的特点也对教育智库的发展产生了重要影响。媒体是舆论的重要制造者和传播者，对于政策制定能够产生举足轻重的影响。根据《中华人民共和国政府信息公开条例》，新型教育智库要秉持公正、公平、便民的原则通过媒体公开"需要社会公众广泛知晓或者参与的"咨政建言方案的备忘录，接受社会的监督和评估。因此，智库评价应坚持公开、透明的原则，评价所用数据应该可获取，评价结果应该可重复检验，从而提高评价结果的科学性和智库报告的权威性②。

第二节　江苏大学规划发展处的智库功能与实现路径

一、智库与高等教育研究机构的研究背景

高等教育研究机构（本研究主要指高校中的高等教育研究院、所、中心等机构）作为知识创新的重要载体，具有理论积淀、学科交叉、协同科研、人才集聚等优势，从多方面影响着院校，甚至是国家的教育政策制定。而面对高等教育发展与改革的新态势，高等教育研究机构正走向专业化智库的发展道路③。中共十八届三中全会上强调"建立健全决策咨询制度"；2014 年教育部印发了《中国特色新型高校智库建设推进计划》，明确了高校智库"战略研究、政策建言、人才培养、舆论引导、公共外交"的功能定位；2015 年国家启动了高端智库建设试点工作，在第一批 25 家试点单位中，高校智库包括北京大学国家发展研究院、清华大学国情研究院、中国

① 田慧生. 当前教育智库建设的形势、方向与思路 [J]. 中国教育学刊，2016 (11)：1-6.
② 赵蓉英，刘卓著，张畅. 国内外智库评价研究进展 [J]. 情报科学，2021，39 (6)：185-193.
③ 王保华，张婕. "智库"与专业化：关于高教研究机构作用与发展道路的思考 [J]. 中国高教研究，2009 (11)：35-37.

人民大学国家发展与战略研究院、复旦大学中国研究院、武汉大学国际法研究所、中山大学粤港澳发展研究院;《教育部2016年工作要点》指出要"深化高校人文社科重点研究基地改革,启动高校专业化智库建设"。随后几年国家相关部委也陆续出台了相关政策措施,如在《教育部社会科学司2021年工作要点》中指出,要组织高校智库开展"长期性、跟踪性、储备性政策研究,提高咨政建言质量,办好《教育部简报(高校智库专刊)》"。可以看出,高校智库建设已备受政府部门重视,而在知识经济时代,我国高等教育研究机构如何发挥智库功能,如何在高校科研、高校决策及政府决策间发挥良好的桥梁作用,是一项紧迫且需要长期研究的课题。

从国内已有的文献来看,打造具有中国特色、发挥专业智库功能的高等教育研究机构,通常主张从多个维度着手。首先,要明确其建设功能。有学者认为,智库背景下的高等教育研究机构应"推动高等教育学学科建设与应用型人才培养、为高等教育改革发展提供决策咨询并引领社会舆论",协助相关部门做好政策的顶层设计①。其次,高校智库建设要根据高校智库的特征,明晰新型高等教育智库的建设定位。高校智库作为智库的一种类型,除了具有"独立性、非营利性、现实性和政治性等智库所具备的一般特征外,还具有教育性、专业性和公正性等独有特征"②。因此,一些研究认为,高校智库具有良好的学科基础、较强的科研实力、合理的学科门类、专业的人才队伍、密切的学术交流与合作、中立的科研取向等多方面的独特优势③。再次,应厘清我国高等教育研究机构建设中面临的主要困境。王保华和张婕指出,"高等教育研究机构作用的发挥与高等教育强国建设和高校建设发展的实际要求相去甚远,信誉危机和生存危机同时存在"④。符宁指出,"高校智库高度依附政府和高校,缺乏独立性;研究成果推广体系不健全,推广途径单一;项目管理体制不完善;知识供给存在

① 褚照锋,李明忠. 智库背景下高等教育研究机构的组织特征、职能使命及发展对策[J]. 高校教育管理,2018,12(5):71-78.
② 全守杰,王运来. 高校智库的涵义与特征[J]. 现代教育管理,2016(1):38-42.
③ 陈巧玲. 新时代高校智库定位与发展策略[J]. 教育评论,2018(6):8-12.
④ 王保华,张婕. "智库"与专业化:关于高教研究机构作用与发展道路的思考[J]. 中国高教研究,2009(11):35-37.

'质的下降'，很难产生实质性的影响力"[1]。为应对中国高等教育智库专业化发展过程中的种种挑战，许多学者提出了具有参考价值的发展对策，如构建公共决策机制、创新组织管理机制、建立研究成果推销机制、开辟科研政策特区[2]，以及建立一套合理的"边界工作"机制，打造一个学术知识整合与咨政成果转化的平台，以人事制度改革为突破口，完善多元主体协同互动的制度规范[3]。总体而言，现有文献为本研究提供了重要的理论基础，但系统地考察高等教育研究机构的智库功能与实现路径方面依然较为薄弱，尤其是基于具体高校实际情况出发的研究文献不足。因此，梳理当前我国高等教育研究机构的基本概况，考察我国高校智库的功能属性，并结合江苏大学规划发展处的运行机制进行分析研究，对实现高等教育研究机构的智库功能具有一定的意义，有利于助推我国高校智库建设的专业化，促进高校决策的合理化，从而为我国全面深化改革提供智慧与力量，助力党和政府决策的科学化与民主化。

二、我国高等教育研究机构的基本概况

为迎合知识生产模式转型下时代发展的需要，高校更加重视自身的发展，以适应时代需要，同时注重通过加强本校高等教育研究机构建设，促进院校的科学发展。当前，我国高等教育研究机构承接新时代使命，在坚持党的领导、坚持中国特色社会主义的基础上，围绕国家战略与高校发展需要，立足中国现实，努力提出解决院校发展的思路与方案。从总体来看，我国高等教育研究机构在高等教育研究理念、队伍、效率建设上不断探索，虽仍存在一些问题，但总体是持续进步的。

（一）理念不断更新

自 1978 年厦门大学成立高等教育发展科学研究室以来，我国高等教育研究在 20 世纪 80 年代迈入了学科化时代，各高校针对学校自身的发展问

① 符宁．中国新型高校智库面临的挑战与突破路径［J］．黑龙江高教研究，2019，37（5）：67-70.

② 文少保．高校智库服务教育综合改革的价值、困境与实现路径［J］．高教探索，2015（12）：24-27.

③ 刘晶．高校智库的"边界工作"内容与机制［J］．中国高教研究，2021（7）：42-48.

题，普遍设立了高等教育研究机构，改变以往经验性研究特色，加强了研究的规范性和专业化，为高等教育研究机构关注本校校情、开展基于本校实际的院校研究积累了丰富的实践经验。以华东师范大学高等教育研究所的发展历程为例，1982 年该所成立了专门研究机构——高等教育研究室；1985 年加入教育科学研究所，成为四个研究室的其中之一，同时设立了高等教育学硕士点；1993 年设立高等教育学博士点；1998 年并入教育学系，改设高等教育研究所；2002 年 4 月成为教育科学学院下设独立的教学研究单位；2007 年成为国家重点学科（教育学一级学科）。但有研究者指出，高等教育研究的过分学科化导致理论与实践脱节，院校研究面临严重的合法性危机，并且在知识生产模式Ⅱ的影响下，高等教育研究逐渐强调知识生产的情境化和现场性，主张以跨学科与实用性为导向，强调协同性与社会问责的生产机制。因此，高校科研机构需要重新调整发展战略，将以学科建设为中心逐渐转向以智库建设为中心①。

　　智库一般指"由各学科专家组成，为决策者在处理经济、政治、文化、社会、军事、外交等各方面问题出谋划策"②，即在思想基础、决策理念、管理方法、解决策略等方面提供帮助的咨询研究机构，也被称为思想库、智囊团。因此，高等教育研究机构的智库化建设理念需兼具专业性、服务性、教育性、问题性等特征。以江苏大学规划发展处为例，溯其本源是成立于 1983 年的高等教育研究所，在 2011 年与教育教学研究与评估中心合署，并于 2017 年 5 月正式成立。江苏大学规划发展处由战略规划科、高等教育研究所、教育教学评估科三个科室组成，具有规划发展、高等教育研究、数据处理、教育教学评估等职能。自成立之初，该中心就树立了"研究引领创新，评估保障质量"的工作理念。该中心旨在为大学的规划发展诊断把脉，密切关注高等教育的热点、重点问题，紧扣学校发展目标，开展调查研究，为学校的发展提供咨询、对策和建议服务；秉持审核评估的理念，坚持以学生为中心，对各学院、各教学单位的教育教学活动，以及教育管理部门的质量监控展开教学评估工作；遵循"夯数据之基、举评价

　　① 周光礼，莫甲凤. 高等教育智库及其学术研究风格：中国著名高等教育研究机构的学术转型［J］. 高等工程教育研究，2014（6）：45-57.

　　② 李建军，崔树义. 世界各国智库研究［M］. 北京：人民出版社，2010.

之旗、行发展之实"的工作宗旨，融研究、咨询、评估为一体，互相促进，形成合力，有力地促进学校的教育教学改革。从江苏大学规划发展处的理念和职能可看出，智库时代高等教育研究机构的建设理念是与高等教育研究跨学科、问题导向、政策驱动的学术取向相契合①，从高校自身发展角度出发，坚持问题导向，通过各组织部门的协同配合，运用多样化的研究方法，深入实践，开展教育调查与教学评估，从而为高校发展提供咨询服务。

（二）队伍不断成长

从机构数量来看，在 20 世纪 80 年代，受"恢复与重建"高等教育事业政策的影响，我国高等教育研究机构从无到有，迅速发展起来，到 1990 年我国高等教育研究机构已达 750 所左右，几乎每所高校都设立了自己的高等教育研究机构，并在之后的十年间数量维持在相对稳定的状态。但此时由于我国经济社会发展正处于体制机制市场化改革期，总的来说，在 20 世纪 90 年代，我国高等教育研究机构的规模总量稳中有降，除了因为 90 年代高校合并热导致我国高校总数略有下降、相关高等教育研究机构自然关停之外，还由于高等教育超常规发展冲击下所导致的高校财政困难，令一些核心竞争力不足、无学位授予点的高等教育研究机构在高校内部改革中消失了。到了 21 世纪，在加强"双一流"高校建设的背景下，我国高等教育呈现跨越式大发展，从大众化阶段迈向普及化阶段，以内涵式发展保障高等教育研究机构质量和整体实力的提升。根据《全球智库报告 2020》，中国共有 1413 家智库，比 2019 年增加了 906 家，略逊于美国，是全球智库机构数量第二的国家。该报告评出的全球顶级智库综合榜单中，中国现代国际关系研究院、中国社会科学院、清华-卡内基全球政策中心、国务院发展研究中心、中国国际问题研究院、全球化智库（CCG）、北京大学国际战略研究院（IISS）、上海国际问题研究院等 8 家中国智库连续三年入选全球百强智库榜单，其中依托大学和科研机构形成的专业性智库共有 4 家。而为了重点建设一批具有较大影响力和国际知名度的高端智库，我国政府展开了国家高端智库建设试点工作，其中北京师范大学中国教育与社会发展研究院

---

① 褚照锋，李明忠. 智库背景下高等教育研究机构的组织特征、职能使命及发展对策 [J]. 高校教育管理，2018，12（5）：71-78.

于 2020 年成为首个教育领域的国家高端智库建设试点单位，进一步推动了我国高等教育研究机构的智库化发展。

从机构人员来看，高等教育研究机构早期兼职人员偏多、研究队伍的专业素养不足，年龄结构不合理，学历层次不一，工作技能参差不齐；到 20 世纪 90 年代以后，高等教育研究人员逐渐向专业化发展。这体现在高等教育学学科建设成果显著，学科布局不断优化，相关分支学科不断产生，博士、硕士学位点新增数量明显，为高等教育研究机构的发展提供了良好的条件与动力。在此背景下，从对口专业或其他相关专业毕业的硕士、博士生相继加入高等教育研究机构，为机构队伍建设注入新生力量，因而我国高等教育研究人员的队伍结构更为合理、专业素养明显提升。江苏大学规划发展处配备了专职的高等教育研究人员，同时也注重吸纳高等教育学、管理学等专业的博士、教授到智库建设中。

（三）效率不断提升

随着高等教育信息化、普及化的发展以及中国特色新型智库建设的推进，高等教育研究机构既迎来了发展关键期，同时又面临着可持续发展的挑战。从我国高等教育研究机构的总体发展来看，效率是有所提升的，如高等教育学科建设取得良好进展。截至 2020 年，我国共设立 128 个高等教育学学科硕士点、25 个博士授予点。同时研究成果丰硕，形式多样。以我国高等学校 2020 年科研论文发表数量为例，从 14 家高等教育类中文核心期刊上刊载的论文数来看，共计 2093 篇①。然而，近年来部分高校考虑"双一流"建设的绩效问题，撤销了一些缺乏效率的高等教育研究机构。这些机构普遍存在科研能力不佳、成果产出不足、决策服务不到位等问题，其中一些已经设立硕士、博士学位点的机构还存在人才培养力度不够、并未良好促进学校发展等问题。

作为智库的高等教育机构是学校决策和政府教育决策的"智囊团"，往往并不是政策的直接制定者，而是将其研究成果提供给高校、政府部门的决策者参考，这也是在激烈的市场竞争环境下，高等教育机构智库功能的

---

① 《中国高教研究》编辑部.2020 年全国高校高等教育科研论文统计分析：基于 14 家教育类期刊的发文统计 [J].中国高教研究，2021（4）：89-95.

核心体现。因此，许多高等教育研究机构会采用多种形式来营销自己的智库效能并推广自己的研究成果，以此来影响政策的制定。从研究成果的转化方式来看，主要有直接转化和间接转化两种方式。其中直接转化主要指一些高校学者、领域专家兼任学校、政府决策部门的领导者、顾问等，或是机构研究人员受邀参与相关重大政策的评估、承担政府委托的课题等活动，从而直接参与政策的制定。如江苏大学规划发展处于 2019 年度共立项 13 项高等教育规划发展研究课题，并鼓励研究者把学校规划课题作为研究基础，从而进一步斩获高等教育研究领域的国家级、省级课题，产出更多具有创造性的研究成果，这些方式也被认为是使高等教育研究机构智库效用最大化的方式。间接转化主要通过学术会议、论坛讲座、公开出版物，以及在微博、微信公众号等网络开放平台的宣传推广来实现。

江苏大学规划发展处通过不定期出版《高教动态》来实现研究成果的转化，以 2019 年第 4 期为例，在高教新闻板块推送了 4 则热点消息来跟踪高等教育发展趋势，包括《李克强主持召开国家杰出青年科学基金工作座谈会》《大学教授 3 年不给本科生上课 将被清出教师系列》《泰晤士高等教育发布 2020 世界大学排行榜，中国 125 所高校上榜》《"新农科"变热：贵州重点建设 10 种与农业产业相关本科专业》；在教育教学板块围绕学校改革发展重点、难点问题发表了《学科建设实力如何评估？》；在高教视点板块发表了《一流人才培养必须回归常识》《要让教授上课，也要抓住学生的心》《警惕大学教学研究论文的作用异化》；在热点评论板块报道了《新农科来了！传统农林学科怎么变》《国家"杰青"，是否真的是院士人才的"摇篮"？》；在改革探索板块展示了《同济新生院八大学堂崭新亮相》《厦门工学院：打破院系藩篱 书院制里别有洞天》。江苏大学规划发展处通过开展高等教育理论与实证研究，编辑和传播高等教育热点研究成果，为学校事业发展提供决策咨询。

三、江苏大学规划发展处的智库功能

高等教育研究机构凭借先天独有的学科基础、人才及科研优势发挥着教育智库的功能。有学者指出，"高校作为教育智库的主体，其功能主要体现在致力顶层设计规划，服务政府决策；搭建协同交流平台，提供重要政策咨询；着力人才培养，丰厚公共智力储备"①。由于高等教育研究机构要为学校服务、为政府服务、为社会服务，因此，服务对象不同，其功能效用也各不相同。当高等教育研究机构在为学校发展规划提供咨询或调查评估监测教育质量、管理学校科研项目时，就具有管理职能。如果该机构设有学科点，那么其在高等教育理论研究、高等教育学科建设和研究生培养上，具有与学术机构类似的功能。

江苏大学规划发展处通过设立多个科室来发挥其规划发展、教育教学评估、数据统计、高教研究等多项职能。各科室具体岗位职责如下：

◆ 以战略规划科来开展学校规划发展战略研究，编制学校中长期和阶段性总体事业发展规划，负责规划实施的监督与评价工作，提出规划动态调整建议。

◆ 以教育教学评估科（数据中心）来开展评价体系研究，研制开发教育教学评估项目，科学制定评估指标体系及评估方案，开展教育教学质量监控政策、法规和理论研究，为学校质量保障体系建设提供参考依据。以问卷调查与数据监测为主要手段，开展大学生学情评价、专业满意度评价工作，组织开展高等教育质量监测国家数据填报、分析与应用工作，负责学校年度教育现代化监测报告的编制与上报工作，撰写江苏大学大学生学情评价报告、专业满意度评价报告、高等教育质量监测数据分析报告。

◆ 以高等教育研究所来组织开展高等教育研究工作，跟踪高等教育发展趋势，围绕学校改革发展重点、难点问题，开展高等教育理论与实证研究，为学校事业发展提供决策咨询；负责大学排行跟踪研究工作，组织开展国家级、省部级以及校级高等教育研究课题的申报与课题的日常管理工作，负责高等教育研究优秀成果奖的评选工作。江苏大学规划发展处还设立了办公室来负责 OA 秘书工作，负责单位印章、国有资产、资料归档等日常事务性工作，部门网站维护与更新工作，以及做好部门领导交办的其他工作。

江苏大学规划发展处作为高等教育研究机构，其教育智库功能主要体现在决策咨询、指导实践、理论创新方面。

---

① 钱旭升，李志超．教育智库的逻辑起点、功能与机制建构［J］．当代教育与文化，2020，2（1）：12-16.

（一）参与学校内部治理，发挥决策咨询功能

江苏大学规划发展处作为智库参与学校内部治理，发挥决策咨询功能。高等教育研究机构是依托大学开展教学和科研工作的，其重要职能之一是通过高效收集和利用信息资源来服务大学的建设发展，为大学自身发展提供咨询与建议。一般而言，高等教育研究机构在学校领导的委托下，就学校规划发展战略进行调查研究，并展开全校教育教学的评估工作，依据学校的实际情况，在充分调研的基础上，提出若干方案供学校决策者参考，从而提高学校领导者治理的合理性，提升管理的有效性，避免盲目性，尽量减少一些失误。通过学校高等教育研究人员运用教育权利与责任来参与、实施学校管理工作，可以为学校管理部门提供高质量的咨询服务，最终提高大学发展规划编制的科学性和有效性。如，为做好"十四五"规划编制工作，江苏大学规划发展处多次召开学校"十四五"事业发展规划草案研讨会，围绕学校总规划、学科建设与研究生教育、本科人才培养、人才队伍建设、科学技术与社会服务、学生工作、国际化工作、校园文化建设、信息化建设、财务保障、农业工程一流学科、人文社科等主题进行了12场专题研讨。为了提高学校发展规划编制的科学性，江苏大学规划发展处还召开了"十四五"事业发展规划纲要专家论证会。论证专家由中国高等教育学会副会长等多位高等教育领域专家组成，学校党委书记、校长及相关职能部门负责人参加会议，对规划纲要中的目标定位、办学特色、学科专业建设、规划文本等进行讨论，从而进一步提升规划编制的质量和水平。教育教学研究与评估中心精心组织，听取国内著名专家、校内领导层及各个学院的意见与建议，谋划研制作为江苏大学未来发展顶层设计的发展规划。

高校的高等教育研究机构通过研讨会、座谈会等形式来贯彻国家教育方针和宣传教育新思想；通过加强学习教育基本理论，促进高校教育工作者对高等教育内涵和规律的认识，提高研究人员的专业素质，从而促进高校管理的科学化，同时也提升了教育质量。由此可见，如果学校领导者关注教育研究机构的发展，重视其研究成果的产出，有助于提高高校研究机构参与学校工作的积极性，有利于理论与实践的结合。同时，注重各职能部门和学院的参与，有助于快速将发展规划的编制传达至各部门，并使部

门间、学院间的交流沟通更高效，促进决策的落实，从而充分发挥高等教育研究机构的智库功能，为学校建设与发展提供良好服务。

（二）开展教育教学评估，发挥指导实践功能

江苏大学规划发展处作为智库，开展教育教学评估工作，发挥指导实践功能。新型教育智库为新时代国家重大教育战略决策需求与教育改革发展问题的解决而服务，这不仅要求高等教育研究机构在"教育决策制定生成前提供论证研判和智力支持，还要在政策执行中、政策实施后提供科学评估、问题诊断和决策改进的支持，搭建全过程、全方位咨政服务体系"①。高等教育研究机构的教育教学评估工作主要指在某一阶段针对学校教育教学工作中的重点、热点等问题，开展系统的综合评估工作，如对各学院、系本科毕业设计（论文），青年教师助理教学工作以及海外留学生的学情调研等问题进行整体的评估。江苏大学规划发展处通过数据采集和系统分析，规划组织高等教育评估研究工作，经过事前的多次开会讨论，科学合理地设置评估指标体系，周密细致地部署评估工作的各个环节；组织评估专家分组审阅相关材料并打分，或发放调查问卷，在对问卷等评估信息进行统计分析的基础上，认真撰写调研报告，并对外公布评估结果；总结先进经验，强化学校的环节建设，加强管理、规范程序，提高学校教育教学质量，促进高校形成自我完善、自我发展的机制。

另外，江苏大学规划发展处为加强对学校评估工作的领导，还成立了"江苏大学评估工作领导小组"，其职责体现在三方面：第一，贯彻落实上级教育教学评估文件精神，指导学校教育教学评估体系建设；第二，研究制定重大外部评估迎评方案，加强迎评工作的组织领导，有序组织自评、自建、自改工作；第三，审定内部评估方案及评估指标体系，审核评估结论，监督持续改进工作。开展的具体工作包括：本科毕业设计（论文）评估工作、青年教师助理教学工作的评估、卓越学院 NSSE 和海外的学情调研工作等。在本科毕业设计（论文）评估工作中，为了项目的顺利开展，江苏大学规划发展处事前多次开会讨论，科学合理地设置评估指标体系，周

---

① 韩玉梅，宋乃庆．新型教育智库的组织形态和研究路径［J］．教育研究，2019，40（3）：145-153．

密细致地部署评估工作的各个环节。首先，让符合评估的学院提交自评报告；其次，专家组分组去各个学院现场检查、评估，对全校范围内抽查的专业班级的毕业材料认真审阅，检查工作中存在的不足，发现特色、亮点；最后，专家组分组撰写评估报告、各学院提交整改报告等。从江苏大学规划发展处展开的教学评估工作经验来看，高等教育研究机构通过对高校教育教学工作重点问题的常态化监测评估，公布相关分析报告，揭示并诊断学校教育存在的问题，为学校发展提供信息服务，从而提高了学校的教学水平和人才培养质量，发挥了高校研究机构智库化的导向、监督、激励和服务等功能。

（三）提供科研支持服务，发挥理论创新功能

江苏大学规划发展处作为智库提供科研支持服务，发挥理论创新功能。高校的高等教育研究机构隶属校（院）或系，其本身就具备一定的科学研究基础，包括良好的学术环境、深厚的理论底蕴、专业的研究人员，尤其是对于高等教育专业的学者来说，运用专业理论来研究高校改革与发展中出现的矛盾、解决高校治理问题、为学校发展做规划、探索高等教育现代化建设的内在规律，均是其本职工作。江苏大学规划发展处便通过对本校高教研究工作的组织和管理，筹建高等教育研究协会，积极调动学校各方力量进行高校科学研究。该中心积极参加省教育厅的各种调研活动，或作为主要负责单位，或作为参与配合单位，提交调研报告，并组织全校教师申报全国教育科学规划办、江苏省教育科学规划办、江苏省高等教育学会等各级各类的教育科学研究课题。最后对课题相关研究成果进行梳理、分析与筛选，并有针对性地运用到学校管理、发展规划的实践中去，用理论指导实践工作，使学校朝着更科学、更有效的改革方向发展。例如，该中心 2018 至 2020 年组织校内人员对关系到学校发展的重要问题开展研究，如表 5-1 至表 5-3 所示。

表 5-1　2018 年度江苏大学高等教育规划发展立项课题

序号	课题名称
1	江苏大学中长期发展规划的若干关键问题研究
2	"一带一路"背景下江苏大学农业工程一流学科建设
3	江苏大学"双一流"冲击工程研究
4	江苏大学 ESI 学科竞争力与 ESI 1‰学科实现路径研究
5	"双一流"背景下江苏大学精神提升策略研究
6	江苏大学内部治理的若干关键问题研究
7	江苏大学一流学科建设及其国际联盟构建研究
8	校友资源开发与高校办学协同发展机制研究

资料来源：https：//gjs.ujs.edu.cn/（江苏大学规划发展处官网）

表 5-2　2019 年度江苏大学高等教育规划发展立项课题

序号	课题名称
1	综合性大学教师教育的现状、问题及对策研究
2	江苏大学发展方式研究
3	江苏大学一流专业建设规划与实施路径研究
4	学校大型仪器、设备共享机制研究
5	现代大学内部治理与江苏大学目标考核实施方案研究
6	国内外一流大学战略规划比较研究
7	基于大学排行榜的江苏大学核心竞争力分析
8	江苏大学一流学科建设的"软实力"分析研究
9	江苏大学学科竞争力的现状与提升方略
10	双万计划背景下专业教学满意度测评模型与指标体系研究
11	一流大学人才协同培养机制与优化策略研究
12	研究生人才培养质量保障体系的国际比较研究
13	江苏大学一流学科建设中的国际协同战略研究

资料来源：https；//gjs.ujs.edu.cn/（江苏大学规划发展处官网）

表 5-3　2020 年度江苏大学高等教育规划发展立项课题

序号	课题名称
1	江苏大学财务数据治理体系研究
2	江苏大学拔尖创新人才培养模式研究与实践
3	工程训练课程思政教学改革与实践探索
4	三全育人背景下大学体育课程思政建设路径研究——以江苏大学为例
5	新时代江苏大学三全育人的创新路径研究
6	人文社会科学高质量发展的机制创新研究
7	专业教学满意度测评指标体系设计研究
8	基于科学计量的江苏大学农业工程学科国际竞争力比较研究
9	"双一流"背景下高校一流实验室建设机制研究
10	基于主数据驱动的江苏大学数据治理体系研究
11	全方位、多类别推进《大学物理》课程思政的探索与实践
12	新时代高校思想政治工作质量提升路径研究
13	江苏大学规范性文件制定和执行制度研究
14	江苏大学高质量发展的科研评价体系研究
15	基于江苏大学金山英才班的创新人才培养模式研究
16	江苏大学学科交叉融合发展路径研究
17	江苏大学美育教育体系建构研究
18	高校课程思政建设提升路径与模式创新研究
19	江苏大学技术转移转让机制优化研究

资料来源：https：//gjs.ujs.edu.cn/（江苏大学规划发展处官网）

　　江苏大学规划发展处还通过组织各项教育研究优秀成果的评比，如积极组织开展"江苏省高教学会高等教育科学研究成果奖评选""江苏省教育科学优秀成果评奖""全国教育科学研究优秀成果评选奖励"等活动来调动全校教职工的研究积极性，推动学校教育科学研究工作的开展。同时，该中心通过组织对外交流工作，如邀请校外专家学者交流迎评、开展学术年会、研讨会、座谈会等方式，寻求校内外技术、理论等方面的支持，扩大学校影响力。该中心通过共享优质资源，推动高等教育研究机构协同各方力量展开研究，有利于各校各机构间的良性竞争，保障决策治理的科学性。

此外，高等教育研究机构一般会通过发表学术期刊、出版相关专著、发行自编的高教研究刊物来产出研究成果，从而为指导高校改革提供可参考的论证材料，方便全校教职员工及时了解高等教育研究的最新信息，为高等教育改革发展提供依据和建议，进而提高高校学术水平、促进学科建设。江苏大学规划发展处也不例外，通过不定期出版《高教动态》，使得教育研究成果能及时有效地通过期刊读物交流和传播，让学校之间可以相互借鉴，取长补短，加快高等教育研究的发展步伐。

四、江苏大学规划发展处实现智库功能的路径

近年来，教育部一直十分重视教育现代化背景下的高校智库建设，出台了多项关于打造具有中国特色的新型教育智库的相关意见，如 2019 年发布的《教育部关于加强新时代教育科学研究工作的意见》中，提出要"重点打造一批新型教育智库和高水平教育教学研究机构，建设一支高素质创新型科研队伍，催生一批优秀教育科研成果"。可见，高等教育研究机构智库化建设是优化教育体系、完善科研机制、激发科研活力的重要途径，国家、社会、高校的发展也愈加期待研究机构的科研成果，对机构的评价标准也更严格，需要机构具有更前沿的研究理念、更科学的研究方法、更规范的组织形式、更合理的评估体系，从而产出具有可行性、原创的科研成果，推动学校教育质量、社会贡献度的提升，推进我国教育科研强国的建设。因此，江苏大学规划发展处作为高校的研究机构，应努力发挥智库功能，贯彻国家教育改革的新理念新思想新战略，遵循智库逻辑，紧扣学校发展目标，关注现实重大问题，开展专项调查评估，为学校教育事业的发展规划提供服务，使学校的决策科学化、最优化，从而对高校的改革与发展起到积极的作用。

（一）明确功能定位，保持相对独立性

从中国高校智库的改革方向来看，凸显中国特色和新型特征成为高校智库建设的总体基调①。我国已步入高等教育普及化阶段，依据高等教育研

---

① 邓睿.国内高校智库研究主题聚焦与趋势：基于 2011-2020 年 CSSCI 收录文献的知识图谱分析［J］.中国高校科技，2021（Z1）：61-65.

究如何紧密结合高等教育发展新阶段和新要求开展具有针对性、现实性的基于高校发展的政策研究，有效发挥高等教育研究机构的智库功能已经成为一个重要的课题。各高校由于地理位置、历史文化等方面的不同，相应地具有不同的目标定位、发展特色，并且在高校发展的不同阶段，面临的重点问题也不一样。根据组织生命周期理论，学科组织的发展可分为生成期、成长期、成熟期和蜕变期，各阶段的发展面临着不同的主导问题①。因此，高等教育研究机构要基于各高校的实际情况，制定相应的职责使命，同时要坚持自己的特色并深化，这是保持高校智库竞争力的根本②。受知识生产模式转型的影响，高等教育研究机构的职责使命应基于当下学校、社会的发展需求，聚焦学校、社会重难点问题，制定具有针对性的研究目标，采用科学、多样的研究方法和跨学科、协同研究的模式，以创造性的研究成果发挥高等教育研究机构的智库功能。

因此，江苏大学规划发展处需要科学定位其功能。首先，要根据国家、社会发展需求结合本校发展实际与办学特色，合理设计不同阶段的职能目标；其次，要以兼具宏观和微观的研究视角，突出学科优势，建设具有自身特色的新型教育智库，打造自己的科研品牌；再次，要将研究机构的课题与教育教学、人才培养、文化传播、创新发展、社会服务等联系起来；最后，要紧密结合当地人文历史、区域经济发展，提升高等教育研究机构研究成果的实用性与针对性，引领学校的发展。

（二）加强队伍建设，提高专业性

队伍建设是高等教育研究机构智库化转型的关键要素之一，没有研究人员的付出，高等教育研究机构的职能是无法实现的。由于智库化的高等教育研究机构需为学校发展提供决策咨询，对于学校发展具有一定的主导性，因此，高校智库中人员的知识背景、知识积累和能力对于高校智库的发展来说是非常重要的③。为了发挥高等教育研究机构的智库功能，需在科

①　宣勇，张鹏．组织生命周期视野中的大学学科组织发展［J］．科学学研究，2006（S2）：366-370.

②　胡光宇．大学智库［M］．北京：清华大学出版社，2015.

③　韦岚，全守杰．中国一流高校智库的组织要素与运行机制：基于中国6家一流高校智库的分析［J］．高校教育管理，2017，11（5）：81-87.

学的战略思维和宏观视野下，将高等教育的学科建设和高校建设目标协调起来，综合推进各项工作的实施。据此，江苏大学规划发展处的研究人员应具备以下素质：一是坚定的爱国情操。科研人员首先应将个人理想与国家命运、民族复兴使命密切联系起来，坚定维护国家和人民的利益，为国家、社会、学校的发展服务，这不仅是高等教育研究机构的职责所需，也是一个研究人员个人价值的体现。二是良好的专业素养。研究人员应掌握高等教育学相关的基础理论知识，了解全球前沿的高等教育热点话题。三是加强理论联系实际的能力。对接学校发展的热点问题，用多学科的研究方法，深入调查、收集数据，进行效果评估、分析诊断，产出优质研究成果，为学校发展建言献策。

高等教育研究机构的科研队伍还应注重优化人员组织结构，包括年龄结构、学历结构、职称结构、专业结构等。由于部分高等教育研究机构刚起步，发展规模较小，全职和专职的研究人员较少，因此还需聘请其他领域的专家学者、相关政府人员、企业领导等做兼职研究人员，从而完善团队结构，加强科研团队的力量。另外，对于机构的领导者，还应重视其任职经历的多元化。由此，江苏大学规划发展处不仅要录用合格的研究人员，还要科学设置人员结构，利用好兼职人员，联合多方力量协同合作，加强学术梯队建设。

（三）完善交流平台，提升影响力

高校教育智库的善治体现在在政策共同体内拥有广泛的知名度，以及能够积极搭建交流平台，有序促进教育政策协商等[①]。社会的重大需求是引领高校发展的重要动力，由于社会问题的复杂性，往往需要交叉学科的研究思路。因此，完善学术交流平台可以促进教育研究思想、经验和知识的交流、创新与论证，可以形成新思路、发现新问题，使高等教育研究机构的研究具备现实性，为后续研究提供有意义的学术积淀。江苏大学规划发展处目前已开展了多样的学术交流活动，如举办江苏高水平大学建设专题研讨会、负责江苏省教育厅各种调研活动、与各大学开展工作交流、领导座谈、特邀国内外知名专家学者交流讲学等，以及建设部门网站、编辑

---

① 李清刚．论高校教育智库的善治与监管［J］．高教探索，2019（2）：29-34.

《高教动态》，这些举措都有助于提升其影响力，而该中心也多次获得国家级、省级优秀高等教育研究机构的荣誉。

随着信息化社会的发展，高等教育研究机构交流模式的范围逐渐扩大，形式愈加多样，除了传统的学术交流活动、发行期刊等方式，还应运用先进的网络技术手段搭建线上交流平台，如创建微信公众号、注册官方微博等，此外还应注重平台的更新维护，及时发布最新消息。目前，我国一些高等教育研究机构的研究成果，如发布的调查数据和发表的期刊论文未及时推广给公众，令公众很难对最新的研究资料进行访问或下载，从而抑制了研究机构自身作为智库的知名度与社会影响力。因此，江苏大学规划发展处首先可以通过完善官方网站，宣传和推广最新科研成果，将公众需要的信息投放在官方网站，并建设网站的英文界面，方便国际交流与合作。其次还要注重社交媒体建设，除了官方网站之外，可以使用不同的社交平台，比如微博、微信公众平台和各种直播软件等，建立经过认证的社交媒体，扩大智库的知名度和影响力。

第三节　新加坡国立大学公共卫生智库的运作模式与支持体系

一、新加坡国立大学公共卫生智库的研究缘起

2020 年 6 月 2 日，中共中央总书记、国家主席、中央军委主席习近平在北京主持召开专家学者座谈会并发表重要讲话，他指出"要建设一批高水平公共卫生学院，着力培养能解决病原学鉴定、疫情形势研判和传播规律研究、现场流行病学调查、实验室检测等实际问题的人才"[1]，确保人民群众生命安全和身体健康是中国共产党治国理政的一项重大任务，抗击疫情是高等教育治理现代化水平的试金石。一方面，加强对疫情危机的风险研判和提升高校应对突发公共安全事件的能力已成为重要的课题；另一方

---

[1]　新华社．习近平主持召开专家学者座谈会并发表重要讲话［EB/OL］．（2020-06-02）［2021-07-28］．http：//www.gov.cn/xinwen/2020-06/02/content_ 5516848.htm.

面，加强对公共卫生突发事件的研究、提高公共卫生突发事件的咨询服务能力，是高校作为现代社会轴心机构的使命担当的重要体现。新加坡国立大学（National University of Singapore，NUS）依托苏瑞福公共卫生学院（Saw Swee Hock School of Public Health，SSHSPH），在新加坡公共卫生政策研究中发挥着思想库的作用。因此，以新加坡国立大学为案例，探讨新加坡高校公共卫生智库的运作模式与支持体系具有重要的理论价值和现实意义。

智库一般是指由多学科专家、学者组成，为某些特定领域，诸如政治、经济、文化、军事等提供解决方案的组织机构，也称思想库、智囊团、脑库等。有国外学者把智库分成四类：政府型智库、合同研究型智库、政策导向型智库、学术型智库①。高校智库是学术型智库的一种类型，它是依托高校特色学科，聚集知名学者，以国家发展为导向，融合基础研究和应用研究，通过对重大现实问题进行跨学科、协同性、综合性的研究，为政府和社会提供智库产品，培育智库人才，集团队打造、机构建设、项目管理与平台发布于一体的综合系统②。由于公共卫生与预防医学、临床医学相互交集联系③，关系密切，因此可以认为高校公共卫生智库是指主要依托高校所设置的公共卫生与预防医学、临床医学、护理学等核心学科，与政治学、管理学、心理学等交叉融合，为促进民众健康提供智库产品和人才支持的组织机构。换言之，高校依托下设的相关二级院系或部门及其学科支撑，发挥其作为公共卫生智库的功能。

综合高校智库及高校公共卫生智库的内涵，可以从运作模式和支持体系来考察与分析高校公共卫生智库。

首先，可从以下三个维度考察高校公共卫生智库的运作模式，即它如何运作以实现智库功能。其一，高校公共卫生智库提供什么样的智库产品，换言之，它为哪些对象提供什么样的思想产品及决策方案支持。其二，高校公共卫生智库在哪些方面培养智库人才，如何培养智库人才。其三，高

---

① Hart P, Uromen A. A New Era for Think Tanks in Public Policy? International Trends, Australian Realities [J]. Australian Journal of Public Administration，2008，67（2）：135-148.

② 全守杰，王运来. 高校智库的涵义与特征 [J]. 现代教育管理，2016（1）：38-42.

③ 陶芳标，马骁，杨克敌. 公共卫生学概论 [M]. 北京：科学出版社，2009.

校公共卫生智库作为为促进民众健康提供智库产品和人才支持的综合系统，其知识传播平台是什么样的。

其次，高校公共卫生智库是一种综合的组织机构，其支持体系可以从以下三个方面考察，即如何保障它顺利实现智库功能。其一，由于高校智库对学科的依赖性，因此在高校公共卫生智库的支持体系中，要有相应的学科知识积累，通过知识生产活动联结各类学术资源。其二，由于公共卫生知识生产具有很强的现场性、情境性、应用性等特征，因此高校公共卫生智库要有相应的跨界合作伙伴支持，以增强公共卫生思想产品生产的针对性。其三，智库作为一种组织机构，离不开经费的支持。有研究以伦敦大学教育学院为案例探讨了英国高校教育智库的运作问题，提出其资源保障中包括了科研财政经费①。可见，经费支持机制是高校公共卫生智库支持系统的重要组成部分。

新加坡国立大学主要依托 SSHSPH 发挥高校公共卫生智库的作用。SSHSPH 在新加坡国立大学 60 年的流行病学和公共卫生领域研究、教学和实践历史的基础上，于 2011 年 10 月成立。该学院以苏瑞福（Saw Swee Hock）教授的名字命名，以纪念他长期以来的慈善支持和对大学的贡献。鉴于当下全球公共卫生问题越来越复杂，需要多层次的干预措施，苏瑞福教授出资 3000 万新加坡元，使新加坡国立大学能够建立公共卫生学院，进行公共卫生等方面的前沿研究和教育②。SSHSPH 的成立是新加坡公共卫生事业发展历史上的一个重要里程碑。该学院以开展大型公共卫生调查研究与政策测评为主，面向新加坡乃至世界其他国家、地区提供公共卫生科研成果、出版物及相关产品服务，以改善和改变新加坡及其他国家、地区的人口健康状况，营造更健康的社区环境③。由此，新加坡国立大学依托 SSHSPH 在新加坡公共卫生政策研究中发挥着思想库的作用。

① 郭婧. 英国高校教育智库运作模式及资源保障研究：以伦敦大学教育学院为例 [J]. 中国高教研究，2014（9）：71-76.

② Saw Swee Hock School of Public Health. TRANSFORMATIONAL GIFT FROM PROFESSOR SAW SWEE HOCK [EB/OL]. [2020-03-28]. http：//sph. nus. edu. sg/giving/transformational-gift/.

③ Saw Swee Hock School of Public Health. About NUS Saw Swee Hock School of Public Health [EB/OL]. [2020-3-28]. http：//sph. nus. edu. sg/about/.

二、新加坡国立大学公共卫生智库的运作模式

新加坡国立大学依托苏瑞福公共卫生学院提供基于知识转化的公共卫生决策咨询、培养专门的公共卫生智库人才、搭建多维的智库传播平台。

（一）提供基于知识转化的公共卫生决策咨询

高校公共卫生智库的一个重要职能是通过公共卫生科学研究、制定公共卫生政策问题框架、提供相关问题背景信息和国际经验借鉴、递交公共卫生决策咨询报告等方式，对当前公共卫生重点问题做出预警，防止并降低政府出现重大公共卫生政策偏差和失误，为政府提供政策建议和解决问题的方法。通过研究为国家、社会、个人等提供全面而客观的公共卫生决策咨询服务，是新加坡国立大学发挥高校公共卫生智库功能的重要方面。如它在全球健康白皮书《循证政策：学术与政府伙伴关系的作用》[1] 中，就明确提出公共卫生信息和观点是政府制定公共卫生政策的重要考虑因素之一，并讨论了学术在为政府制定公共卫生政策中提供有力证据方面做出的贡献。新加坡国立大学注重从以下两个方面提供基于知识转化的公共卫生政策决策咨询服务。

第一，研究成果向科普转化，为民众的生活方式和健康行为提供行动策略建议。

首先，在研究领域中关注社会普遍存在的诸如传染病和老龄化等健康问题，制订相关的研究计划，基于民众健康需求开展研究，提出面向民众且切实可行的预防举措。其次，注重民众健康行为方式的研究，将成果进行科普而惠及民众，即不仅向学术界公布研究成果，而且还将研究成果转化为通俗易懂的语言提供给公众阅读，向社会提供公共卫生服务，使其学术成果惠及民众。这些转化及其策略建议帮助民众更好地了解体育锻炼和营养习惯对于健康的重要性，为民众提供具有可行性的行动计划，让民众改善现实生活中的饮食和活动方式，从而预防慢性病，增强身体素质。

第二，研究成果向公共政策转化，为社会存在的健康问题提供政策

① Saw Swee Hock School of Public Health. EVIDENCE-BASED POLICY The Role of Academic Government Partnership［EB/OL］. ［2020-03-28］. http：//sph. nus. edu. sg/wp-content/uploads/2019/06/ FINAL_ Evidence-Based-Policy-The-Role-of-Academic-Government-Partnership. pdf.

方案。

新加坡国立大学在SSHSPH设立了多个研究中心、特色研究领域，通过与国内外合作伙伴等利益相关方的多学科和跨部门合作，为新加坡改进公共卫生政策提供决策咨询服务。设在SSHSPH的合作研究中心——卫生服务与政策研究中心（CHSPR）由SSHSPH的教职工、研究员、研究助理组成，也是国家大学卫生系统（NUHS）的一部分，它在临床医学领域拥有突出的研究能力，帮助NUHS监视和评估其实施的各核心计划。新加坡国立大学的流行病学研究①主要关注社会普遍存在的健康问题，诸如乳腺癌、心血管疾病、眼病、传染病和健康老龄化等。该研究引发了多项大规模的队列研究，包括新加坡华人健康研究、多民族队列研究和糖尿病研究，这些研究为公共卫生干预措施的制定提供了数据支撑和政策建议。卫生系统和行为科学（HSBS）领域②的主要任务是着眼于人们的生活行为方式与自然、社会文化环境之间的相互作用，重在非传染性和传染性疾病的预防；进行行为改变和健康促进干预措施的研究及政策设计、实施和评估等，有助于政府制定和实施促进健康的政策。

（二）培养专门的公共卫生智库人才

新加坡国立大学在公共卫生学术资源方面独具优势，是新加坡卓越的公共卫生人才培养机构。其通过本科教育培养公共卫生专业人才，为改善社区健康和公共卫生疾病预防培养研究、分析和服务方面的专业人员；通过研究生教育培养具有多学科能力的、胜任各类公共卫生学科领域的领导和行政职务的人才，即拥有良好的智库思想生产能力和影响公共卫生政策的人才。

第一，储备社区健康改进与疾病预防分析的专业人才。

新加坡国立大学通过本科教育储备改善社区健康、进行公共卫生疾病预防分析与研究的专业人员。新加坡国立大学通过SSHSPH实施本科公共卫生人才教育，旨在培育具有科学诚信、研究伦理、团队精神，具备项目管

---

① Saw Swee Hock School of Public Health. Epidemiology［EB/OL］. ［2020-03-28］. http：//sph. nus. edu. sg/rescarch/domain-epi/

② Saw Swee Hock School of Public Health. Health Systems and Behavioural Sciences［EB/OL］. ［2020-03-28］. http：//sph. nus. edu. sg/research/hsbs/.

理、医学研究评估、公共卫生疾病的预防和控制等能力的公共卫生专业人才。首先，本科教育实行双主修制，学生在本科期间可以同时选择两个专门领域为主修专业课程，在取得规定的学分数且在其他学习方面均达到规定要求后准予毕业。其次，开设与主修专业相辅相成的第二专业，旨在帮助学生扩大作为公共卫生专业人员应具备的知识视野，提高其技能，为其今后能更好地从事公共卫生工作，改善新加坡、亚洲和世界各地人口健康状况奠定基础。SSHSPH通过本科教育为改善社区健康和分析研究公共卫生疾病预防培养专业人才，为区域公共卫生政策研究与制定提供智库人才储备，同时也为高校公共卫生智库与区域公共卫生管理部门开展跨机构的联合研究提供人才保障。

第二，培养公共卫生政策研究与全球公共卫生领域的领导人才。

新加坡国立大学通过研究生教育培养公共卫生政策研究与全球公共卫生领域的领导人才。新加坡国立大学的公共卫生研究生教育培养了解公共卫生在预防疾病和改善社区健康方面的多学科作用，可以使用系统和科学的方法识别和解决公共卫生问题的政策研究与领导人才，并为学生今后能够在医疗保健、生物医学和制药行业，研究机构、政府机构和学术界从事有关卫生工作和研究提供机会[①]。首先，SSHSPH与新加坡国立大学医院、李光耀公共政策学院、管理学院、工程学院和艺术与社会科学学院保持紧密联系，帮助学生了解公共卫生在预防疾病和改善社区健康方面的多学科作用。其次，重视跨学科能力的培养。跨学科能力课程主要包括道德与专业（在公共卫生实践和政策中考虑道德和法律原则）、领导与团队合作（了解自己的专业优势和个人技能以领导和共同参与公共卫生团队）、交流联系（有效地将公共卫生研究证据传达给不同的受众）[②]。跨学科能力为学生今后更好地从事有关公共卫生方面的工作提供了保障。再次，为学生提供高级别的实习机会。如学生可以到世界卫生组织（WHO）总部实习，这为学生加深对"全球健康"的理解、以后更好地从事公共卫生政策研究工作，甚

① Saw Swee Hock School of Public Health. Continuing Education and Training［EB/OL］.［2020-03-28］. http：//sph. nus. edu. sg/continuing-education/.

② Saw Swee Hock School of Public Health. Master of Public Health［EB/OL］.［2020-03-28］. http：//sph. nus. edu. sg/education/mph/#1581488135586-db185577-f2c4.

至在全球卫生事务中发挥作用奠定了观念认知和良好的实践基础。公共卫生硕士（MPH）毕业生通过对传统和新兴公共卫生问题的学习、研修和培训，在新加坡和国际组织中担任各类公共卫生学科领域的领导和行政职务，以拥有良好的智库思想生产能力和对公共卫生政策的影响力，为全球的公共卫生事业做出贡献。

（三）搭建多维的智库传播平台

新加坡国立大学作为新加坡全国性的高校公共卫生智库，搭建了基于刊物图书、学术会议与网络媒体的多维智库传播平台。

第一，基于刊物图书的智库传播渠道。

为促进公共卫生学术交流，分享思想生产成果，新加坡国立大学采取了基于刊物图书的智库传播渠道。首先，定期出版研究刊物。比较有代表性的刊物有《年度报告》和针对公共卫生热点问题而发布的全球健康白皮书。如全球健康白皮书《当前疫情防备面临的挑战：监控的作用》[①] 提出，传染病、新发传染病、抗菌药物耐药性的上升和生物恐怖主义威胁的迅速跨界传播是当今最紧迫的全球卫生安全问题，并指出正确掌握传染病监控的基础知识比以往任何时候都更加重要，为了使监控系统继续有效，公共卫生需要不断发展、改进以应对当前及可预见的挑战。其次，充分利用大学资料库的图书刊物进行公共卫生知识的传播。ScholarBank@ NUS[②] 是新加坡国立大学的资料库，该资料库包括期刊文章、会议论文、学生论文和数据集等。新加坡国立大学通过这个开放的学术交流渠道，促进公共卫生研究成果的传播和共享。

第二，基于学术会议的智库交流平台。

新加坡国立大学积极举办或与其他机构合办学术会议、研讨会，通过这些智库交流平台促进公共卫生知识的传播与交流。会议形式多种多样，既有大型的国际会议，也有小型的研讨会或专题报告会。例如，面向亚洲

---

① Saw Swee Hock School of Public Health. TODAY'S CHALLENGES IN OUTBREAK PREPARED-NESS The Role of Surveillance［EB/OL］. ［2020－03－28］. http：//sph. nus. edu. sg/wp-content/up-loads/2019/06/Todays-Challenges-in-Outbreak-Preparedness_ FINAL_ A4cover. pdf.

② Saw Swee Hock School of Public Health. What is ScholarBank@ NUS［EB/OL］. ［2020－03－28］. http：//libportal. nus. edu. scholarly-communication/scholarbank-nus.

的公共卫生大会，其目的是通过在适当的时机向人们提供恰当的健康干预措施，以改善人们的整体健康状况；针对新加坡人口老龄化严重的问题，SSHSPH 聘请校外专家开设"采用可用性工程方法对老年人的家庭护理和看护服务进行建模和优化"① 的讲座，讨论针对家庭护理和护理服务需求不断增长的创新解决方案，以及有助于使这些技术被接受和采用的用户因素。新加坡国立大学通过基于学术会议的智库交流平台，不仅为自身搭建了知识传播的平台，而且加强了与同行的知识交流和沟通合作。

第三，基于网络媒体的智库发布平台。

新加坡国立大学不仅利用出版物和学术会议传播公共卫生研究成果与理念，而且积极利用基于网络媒体的智库发布平台进行公共卫生信息传播。首先，依托官网进行多角度的公共卫生信息管理与发布。如 SSHSPH 的官网 sph. nus. edu. sg 是其最大的传播平台，它开辟了专门的 Research 板块和 Highlights 板块。在 Research 板块中可以查阅其研究领域、研究计划、战略举措、队列研究和组织储存库，通过浏览该板块，可以详细地了解学院的具体研究项目和研究成果；Highlights 板块包括新闻、大事记、特色内容、新冠肺炎、刊物、媒体发布等重要信息，通过该板块可以了解有关公共卫生的最新动态。其次，设置专题网站进行公共卫生知识的项目管理与深度传播。SSHSPH 建立了"公共卫生基因组学计划"② 网络平台，进行知识管理，促进知识的深度传播。研究人员可以利用该网络平台共享"公共卫生基因组学"领域的最新研究成果，使公共卫生领域的同行、公共卫生行政管理者及其他的利益相关者对疾病风险、发病机理有更深入的了解，以便提出相应的干预措施。可见，新加坡国立大学通过基于网络媒体的智库发布平台，对公共卫生知识起到了很好的管理、传播、交流和推广作用。

---

① Saw Swee Hock School of Public Health. Taking a Usability Engineering Approach to the Modelling and Optimization of Homecare and Caregiving Services for the Elderly ［EB/OL］. ［2020－03－28］. http: //sph. nus. edu. sg/events/taking-a-usability-engineering-approach-to-the-modelling-and-optimization-of-homec are-and-caregiving-services-for-the-elderly/.

② Saw Swee Hock School of Public Health. Public Health Genomics ［EB/OL］. ［2020－03－28］. http: //blog. nus. edu. sg/sshsphphg/.

三、新加坡国立大学公共卫生智库运作的支持体系

新加坡国立大学作为新加坡公共卫生知识、智慧和思想最重要的集散地，在探究公共卫生问题、干预公共卫生政策制度的过程中，建构了智力支持、伙伴支持及经费支持"三位一体"的支持体系。

（一）依托学科知识积累的智力支持

新加坡的各类智库基本上都集合于新加坡最知名的高等学府。新加坡国立大学"利用大学成熟和系统的学术基础、体系和网络，为政策和务实研究提供支持"①。新加坡国立大学有着丰富的公共卫生学科知识积累，为其作为高校公共卫生智库的运作提供了有力的智力支持。

其一，开发和应用复杂的统计方法，对公共卫生和医疗保健进行分析和建模。新加坡国立大学开发和应用复杂的统计方法，以了解人类复杂疾病的病因，并致力于开发用于医疗保健数据的尖端人工智能方法，擅长临床试验设计和分析，对公共卫生和医疗保健进行分析和建模。

其二，关注社会中普遍存在的健康问题，帮助制订适宜的公共卫生干预目标及评估健康促进计划。如传染病、乳腺癌、肥胖症、心血管疾病和健康老龄化等。

其三，专注对卫生服务、卫生系统、卫生经济学和健康促进领域的研究。该领域着眼于生活方式与自然、社会文化环境之间的相互作用，关注非传染性和传染性疾病的预防；侧重于行为改变和健康促进干预措施的设计、健康行为的实施和评估等，为健康促进政策提供数据积累。

（二）跨机构和跨领域的伙伴支持

新加坡国立大学积极与多样化的机构建立合作伙伴关系，通过与世界各地的合作伙伴开展协作，为国家相关部门、行业专家、海内外医疗机构及研究组织沟通对话创建平台，为全球公共卫生学术界、公共卫生决策和干预措施的制定提供支持。

其一，与国家公共卫生部门保持长期、稳定、密切的合作伙伴联系。

---

① 韩锋. 新加坡智库的现状、特点与经验［J］. 东南亚研究，2015（6）：4-9.

作为长期合作伙伴关系的一部分，公共卫生转化小组（PHTT）① 将 SSH-SPH 的研究成果运用于公共卫生领域，开展研究工作（包括对主题问题的学术审查、评估方法和成本效益分析），为卫健委及其机构制定政策提供证据，以解决特定的公共卫生政策问题。

其二，加强与智库机构、政府机构的合作。先后与伦敦卫生与热带医学院（LSHTM）、卡罗来纳研究所、哈佛大学公共卫生学院、密歇根大学公共卫生学院、泰国孔敬大学医学院、柬埔寨卫生科学大学、柬埔寨劳工和职业培训部、越南卫生部卫生环境管理局等世界多个国家、地区的机构建立合作伙伴关系②。

其三，积极拓展合作领域。新加坡国立大学在不断加强与国际高端智库协作的同时，也注重拓展合作领域。目前的合作领域包括交换学生，教师和研究人员的交流，联合研究活动，开展讲座、研讨会和专题讨论会，交流信息等。

（三）多样化和制度化的经费支持

SSHSPH 的财政经费通常来自基金会资助、学费、企业和个人捐赠以及其他经营收入等多种渠道，并且有较为完善的使用管理制度。

其一，建立、善用个人和企业的"隐形线"联系。SSHSPH 是由苏瑞福教授个人捐赠 3000 万新加坡元创建的，其在发展过程中一直致力于建立、保持与校友、社会人士、企业之间的"隐形线"联系，鼓励他们捐赠，以支持公共卫生智库建设。

其二，积极争取基金会的资助。除了企业和个人捐赠外，SSHSPH 还积极争取来自基金会的经费资助。如 2015 年与伦敦卫生与热带医学院等共同向牛顿研究基金提出了联合资助申请，以举办基因组流行病学研讨会③；2017 年在淡马锡国际基金会（TFI）的资助下，与越南卫生部卫生环境管理

---

① Saw Swee Hock School of Public Health. Public Health Translational Team（PHTT）［EB/OL］.［2020-03-28］. http：//sph. nus. edu. sg/partnerships/phtt/.

② Saw Swee Hock School of Public Health. International Partnerships［EB/OL］.［2020-03-28］. http：//sph. nus. edu. sg/partnerships/international-partnerships/.

③ Saw Swee Hock School of Public Health. Faculty of Medicine, Siriraj Hospital, Mahidol University, Thailand［EB/OL］.［2020-03-28］. http：//sph. nus. edu. sg/partnerships/international-partnerships/.

署（HEMA）合作，启动了 TFI-NUS-越南项目。

其三，依规获得智库产品出售费用。SSHSPH 向社会出售可供研究的数据和样本，根据所申请数据和样本的复杂性收取相应的费用。如新加坡的人口健康研究（SPHS）是 SSHSPH 基于人群的健康研究计划，研究发现生活方式因素、生理因素、遗传因素及其相互作用是如何影响常见健康状况发展的，并监测人群中的危险因素，深入了解与健康行为相关的决定因素。其研究的数据和样本采取对外发布的方式收取费用，一是为了共享研究数据和成果，二是为进一步深入研究积累储备资金。多渠道的经费支持，保证了 SSHSPH 有充足的资金采购研究所需要的设备及开展深入的项目研究。

其四，完善的经费激励与使用制度。新加坡国立大学建立了较为完善的经费激励与使用制度。政府为符合条件的捐赠者延长减税额期限，以优惠的减税政策鼓励更多的捐赠者回馈社会①。SSHSPH 的捐赠主要来源于学生助学基金、公共卫生硕士生基金、通用基金、抗生素宣传基金等。学生助学基金和公共卫生硕士生基金主要通过建设助学金、奖学金以及指定用于其他经济援助领域的基金，对出类拔萃的本科生和研究生提供资金资助，以帮助他们发挥潜力，成为致力于从事公共卫生事业的专业人士和领袖。SSHSPH 通用基金和抗生素宣传基金主要用于组织年度公共教育活动，如在学生比赛、教育研讨会以及医院和社区中的其他活动。

四、启示与借鉴

新加坡国立大学作为全球卓越的高校公共卫生智库，其运作模式与支持体系为我国高校公共卫生智库建设提供了三个方面的启示：重视高校公共卫生智库在现代社会中的使命担当、鼓励高校公共卫生智库进行跨学科协同建设、加强高校公共卫生智库的知识传播与转化普及。

（一）重视高校公共卫生智库在现代社会中的使命担当

新加坡国立大学作为世界知名的公共卫生智库，积极履行为新加坡承担公共卫生政策研究的使命。新加坡国立大学十分重视人们普遍关注的健

---

① Saw Swee Hock School of Public Health. Donations and Tax Deductions［EB/OL］.［2020-03-28］. http：//iras. gov. sg/irashome/Other-Taxes/Charities/Donations-and-Tax-Deductions/.

康问题（如传染病和健康老龄化等）和公共卫生突发事件的研究，并制订相关的研究计划，面向民众采取切实可行的预防举措。针对新冠肺炎疫情，新加坡国立大学一直在收集和整理最新的研究数据和信息，在SSHSPH官网上专门开辟了"新冠肺炎"模块，并为研究人员、政策制定者和相关人员制作每周最新的科学报告，定期添加新的研究成果，包括新加坡专家团队的研究发现①。在面对突发公共卫生事件问题上，新加坡国立大学为世界范围内的高校公共卫生智库及其他智库做出了表率，它有效地发挥了公共卫生突发事件咨询服务的功能，为政府公共卫生决策和干预措施的制定提供了思想产品。

重视高校公共卫生智库的使命担当是中国特色社会主义进入新时代的要求。中国在抗击新冠肺炎的疫情中，主动作为，积极行动，有力地保障了人民的生命安全和身体健康，体现了中国特色社会主义制度的优越性，为世界人民抗击疫情发挥了表率作用。但是，目前我国高校公共卫生智库现有的人才培养未与未来我国公共卫生体系架构相契合，且与国际标准差距较大②，对公共卫生突发事件的研究及咨询服务能力都有待进一步加强。鉴于此，我国高校公共卫生智库在建设进程中如何更好地担负起其在新时代的使命成为一个重要的课题。公共卫生突发事件对国家政治经济发展和社会稳定产生重大影响，推进中国高校公共卫生智库建设，应发挥其对公共卫生突发事件的研究优势和公共卫生政策研究人才的培养作用。一是要树立和坚持以人民为中心的建设导向，密切关注和研究公共卫生突发事件；二是要面向新时代我国公共卫生体系建设，改进公共卫生人才培养模式，平衡好高校智库的决策咨询研究与人才培养的关系③，特别是要改进公共卫生政策研究人才培养的体制机制；三是要加强对公共卫生突发事件应急情报的搜集与研究；四是要客观、科学、系统地收集、分析和研究数据，生产公共卫生思想产品，为党和政府的应急决策提供选择方案和政策建议。

① Saw Swee Hock School of Public Health. Research on COVID-19 [EB/OL]. [2020-03-28]. http://https://sph.nus.edu.sg/covid-19/research/.

② 王朝昕，石建伟，徐刚，等. 我国公共卫生卓越人才培养的"痛点"思考与展望 [J]. 中国科学院院刊，2020，35（3）：297-305.

③ 苑野，董新凯. 新时代高校智库建设应当坚持的五个维度 [J]. 江苏高教，2019（10）：41-45.

（二）鼓励高校公共卫生智库进行跨学科协同建设

随着大数据时代的发展，公共卫生事业对专业人员的要求越来越高，需要高校公共卫生智库整合不同学科领域的资源进行跨学科、跨领域的综合研究和专业人才的培养。跨学科人才的培养需要创造跨学科的教育环境，通过某种方式激发学习主体的内在能动性，在全面掌握和深入领会相关知识的同时，提高解决实际问题的能力，从而达到培养复合型创新型人才的目标①。SSHSPH 依托体系完整、学科门类齐全、不同学科人才资源聚集的新加坡国立大学，在跨学科研究与人才培养方面具有先天优势，如与新加坡国立大学医院、李光耀公共政策学院进行合作，即注重跨学科的协同合作和研究队伍的多元化，采取协同创新的团队合作与育人模式。

跨学科协同建设已经成为高校公共卫生智库建设的重要策略。智库思想产品重在"新"——新的研究成果，为新的政策提供方案支持。协同学理论架构的创立者赫尔曼·哈肯（Haken H）指出，新思想生存在不断的相互争论中，并且只有通过科学界的集体努力和集体智慧才能发展和延续下去②。具有科学知识与公共政策之间"桥梁"作用的智库，更应将协同的理念融入智库的组织建设中。中国高校公共卫生智库建设，在知识价值边界被极大地拓展、知识范式发生结构性变革的时代③，要注重跨学科的协同建设。一是要打破高校学院分立的体制壁垒，突破学院的束缚，推进公共卫生智库建设的协同合作。二是要以公共卫生学院及其学科为主体，推进各学院、学科和专业的有机融合，促进资源的有效融合，为公共卫生政策人才培养、科学研究和决策咨询服务拓宽视野、更新理念，优化智库的组织智力结构。三是要加强与其他公共卫生智库、医院及相关机构的跨学科多元协同合作：一方面高校注重跨学科课程资源的整合，不断创新课程开发方式；另一方面要充分挖掘利用外部资源，为组织建设注入活力。

① 刘璘琳 . 高校跨学科协同教学模式的运行机理与实现策略：知识共享的视角［J］. 重庆高教研究，2018，6（3）：107-116.

② 赫尔曼·哈肯 . 协同学［M］. 凌复华，译 . 上海：上海译文出版社，2013：208-209.

③ 陈乐 . 知识生产模式转型驱动下研究型大学改革路径研究［J］. 高校教育管理，2019，13（3）：10-18，60.

（三）加强高校公共卫生智库的知识传播与转化普及

新加坡国立大学作为高校公共卫生智库，十分注重研究的传播、转化、应用与普及。其设定专门的重点研究领域，进行专门的公共卫生攻关研究，通过定期出版研究刊物、网站发布和学术会议等方式促进公共卫生知识的交流与传播；通过官网、专题网站以及各类媒介向预防措施、行动指南和科普方面等转化。新加坡国立大学一方面进行公共卫生知识的专业化研究，提升自身政策研究水平；另一方面提供预防措施建议，对公共卫生干预措施和政府政策制定产生影响，为社会公众进行公共卫生的科普宣传教育。高校公共卫生智库在日益全球化的社会、经济、政治问题给公共卫生发展带来的复杂影响下，不仅要进行跨学科的协同建设，以便更好地履行其在现代社会的使命担当，还要加强对公共卫生知识的传播与转化普及，提高国民的健康素质和科学素养，实现多元化的社会服务功能。

中国高校公共卫生智库在公共卫生知识的传播与转化普及方面做了一些有益的探索。如南京医科大学公共卫生突发事件咨询服务与研究中心在新冠肺炎疫情防控期间设立"众志成城　抗击疫情"的专题网站，并开通了针对新型冠状病毒肺炎疫情的心理咨询热线。但总体而言，中国高校公共卫生智库知识的传播与转化普及功能还可以从三个方面进一步加强。一是要关注公共卫生知识传播、生产的情境性，即公共卫生知识的传播不能仅限于高校这个象牙塔之内，也不能只限于公共卫生领域中，而是要面向社会、面向公众。二是要加强与医药行业企业、政府部门的合作，建立稳定和多元的合作伙伴关系，提高公共卫生知识在复杂情境下的转化效率。三是要注重公共卫生知识普及的整体性，积极利用互联网，建设公共卫生知识网络管理与发布平台。以"健康中国"建设为契机，借助网络平台，线上线下结合，推动公共卫生常识、公共卫生突发事件的应急知识和传染病防控知识的科普，科学合理地疏导民众的心理，增强民众的公共卫生意识，提高民众的自我防范能力，提升民众的健康素养。

第六章　中国教育智库的建设策略

当前我国已经在推进包括教育智库在内的智库建设，并已经取得了一定的成果，如华东师范大学国家教育宏观政策研究院等在高校智库中已经具有较大的影响力。教育智库作为侧重于智库思想产品生产的组织机构，对政府、民众都能产生影响。因此，我国在推进教育智库建设的过程中要加强顶层设计，建立健全教育智库体系；提高队伍水平，增强客户服务能力；发挥平台作用，深化国内交流并积极开展国际对话。

第一节　加强顶层设计，建立健全教育智库体系

一、加强顶层设计，统筹多方推进

党的十八大以来，习近平总书记就加强智库建设多次做出重要论述，突出强调建设中国特色新型智库的重要性和紧迫性，进一步明确新形势下建设中国特色新型智库的目标、任务和要求。推进教育智库研究是建设实践的诉求和理论建构的呼唤。教育智库是教育改革创新的重要思想源泉，对教育改革发展产生影响，由此，国家会更加注重其智力支持作用，使得政府的教育政策更加科学。从这个意义上说，国家应进一步加强顶层设计，统筹多方推进教育智库建设。首先，一方面要重视党政教育智库，为党政

机关教育决策直接服务，进行智库产品的支持体系建设；另一方面要吸纳社会教育智库，发挥它们参与教育政策制定前的调研与建议、教育政策实施后的评估的作用。其次，统筹多方利益群体参与教育智库建设。智库由多方利益主体参与，每个主体在智库内外部所处的地位不同，所关注的权利和承担的风险有别，因而这些利益主体的利益要求也各不相同。教育智库亦如此。中国特色新型智库内部利益相关者包括研究人员、管理人员、领导者，智库外部利益相关者包括政府、行业协会、企业、供应商（网络资源供应商等）、媒体与社会公众等①。无论是官方还是社会的教育智库，都要将智库组织置于社会大系统中，明晰自身与政治、经济、文化等领域的联系。因此，教育智库建设要关注和识别利益相关者，了解利益相关者的权利诉求，通过加强和改善与利益相关者的合作关系，不断整合和优化内外部资源，形成教育智库建设合力。

二、建立健全教育智库体系，赋权高校智库改革创新

目前，我国智库体系建设在总体上已经取得了较大进展，但与新时代党和政府科学民主决策的实际需要还存在一定差距。现阶段，我国教育智库体系建设中存在党政教育智库尚未充分发挥联结与吸收社会教育智库思想、高校智库改革创新不够等现实问题。因此，要建立健全教育智库体系，赋权高校智库改革创新。

首先，建立健全教育智库建设体系。建立健全教育智库建设体系就是既要发挥党政教育智库作为"内脑"的作用，又要推进党政教育智库与社会教育智库的协商与合作。党政智库是党和政府决策的"内脑"，党政教育智库是党和政府制定重大教育规划与教育政策的重要信息提供机构，为党和政府提供教育方面的智库思想和方案，在服务党和政府的教育决策中发挥重要的思想库作用。同时，我们在建立健全教育智库建设体系中也要认识到，社会教育智库对于民间教育利益相关方的关注较多，并依据社会教育智库自身的重点研究方向开展调研和理论研究。对于党和政府的教育决策而言，社会教育智库的调研信息和理论研究成果是重要的补充。而党政

---

① 韦岚. 中国特色新型智库利益相关者的利益诉求与治理方式［J］. 学术探索, 2017（4）: 116-120.

教育智库就要发挥"内脑"作用，推进党政教育智库与社会教育智库的协商与合作，把社会教育智库的思想产品和各利益相关方的信息加以分析和研究，以期为党和政府进行科学民主决策提供支持。

其次，扩大高校智库的发展自主权，改革科研评价制度和人事聘用制度。高校智库数量较多，有着良好的场地和知识积累，研究人员的学历水平和理论水平都相对较高。但是目前高校智库在人事聘用制度、科研评价制度等方面受高校对二级学院等管理制度的约束和历史传统的影响，在人事聘用上依然遵循高校一般的进人标准（如侧重于学历、职称和论文发表等指标），在理论研究方面存在战略决策研究向应用研究的转化效果不佳的现象。因此，教育行政部门和高校的领导者都应意识到赋权高校智库改革创新的必要性和紧迫性。一方面，积极创新高校智库人事聘用制度，赋权高校智库，使之在人才引进中可根据现实需要考察人才，改变以学历、职称和论文引才的取向，通过长聘制、短聘制、"旋转门"等多种制度灵活开展人事聘用工作，从而形成具有弹性的高校智库人才聘用制度。另一方面，改革高校智库科研评价制度，改变偏重纯粹理论研究的科研评价取向，坚持以问题为导向，以任务为牵引进行研究；推动基础研究、应用研究和战略决策齐头并进；实施协同创新的科研攻关机制，为高校智库思想生产的过程引入政府机构、企业、社会力量和其他机构，在知识生产机制上体现问题导向、应用导向。

第二节　提高队伍水平，增强客户服务能力

一、提高队伍水平，推进协同攻关

对于智库组织而言，要存续并发挥其智库功能，必须依赖其组织人员。教育智库的组织人员主要指其机构中的研究队伍。一般而言，教育智库的人员构成包括智库组织自身的全职研究人员，以及为了协同研究而吸收的组织外部人员，如政府人员、公司高层、其他机构的学者等。由于教育智库是为教育改革与发展提供智库产品，为个人发展和教育投资提供决策建

议的机构，它需要研究人员受过较为严格的学术训练、具有较为丰富的实践与管理工作经验。

因此，一是要探索具有中国特色的"旋转门"制度，邀请或招聘具有在教育行政管理部门工作经历的人员到教育智库任职，从事管理、研究工作。美国的"旋转门"机制使得该国的知识和权利得以有效结合，但是这并不意味着我们要将这种制度完全复制。中国的教育决策既有党政教育智库作为智囊团，也有高校教育智库作为思想库，还有社会教育智库提供参考建议。更重要的是中国关于教育政策的制定具有简明快捷地回应人民需求的特点，这在客观上需要党政机关部门重视为党政教育智库输送具有教育领域工作背景和卓越领导力的领导者，具有教育领域工作背景和丰富工作实践经历的研究及管理人员；倡导教育行政主管部门、党政教育智库的领导者和高校学者退休后到社会教育智库发挥余热，从而探索具有中国特色的"旋转门"制度。

二是要注重招聘高水平的青年研究人才，为推动教育智库发展提供新鲜血液。教育智库的组织建设与发展离不开高水平专门研究人才的支持。从教育智库开展政策研究等现实情况来看，高水平的青年研究人才是教育智库研究和管理工作的生力军。教育智库在人员招聘中要重视高水平青年研究人才的引进，但高水平青年研究人才不等于高水平的教育专业研究人才。教育智库是为教育政策的制定出思想、出蓝图、出方案的组织机构，这就要求教育智库在发挥其不同的具体功用中招聘到合适的智库人才。如侧重于教育政策研究的用人部门既可以招聘具有教育学学科专业背景的人才，也可以招聘具有管理学、社会学学科专业背景的人才；侧重于教育评估的部门既可以招聘具有教育学学科专业背景的人才，也可以招聘具有统计学学科专业背景的人才等。同时，教育智库在招聘人才时也不必如高校招聘教学科研人才那样规定专业一致以及学术论文篇数、年龄、海外经历等要求，而是要形成积极吸纳、招收具有多学科或专业背景且热心教育智库建设的人才招聘导向和招聘制度。

三是要拓展队伍建设思路，邀请高校学者、公司高管、其他研究机构的研究人员加盟教育智库，建设教育智库专家库，丰富智库专家队伍结构，提高智库队伍建设水平。中国在教育智库建设进程中，要充分地认识到不仅要提高智库队伍建设水平，而且要通过结构科学、合理的研究队伍推动协同攻关。由于当今教育问题显现出系统性、复杂性的特征，与政治、经济系统关系密切，这就要求教育智库在组建研究队伍时一方面要注重研究人员的专业性；另一方面要考虑教育问题的系统性和复杂性，积极吸纳跨学科的研究人员进入教育智库队伍，从而由智库组织内外部各行各业不同背景的专家组成团队，协同推进对重大教育问题的联合攻关，进而提出政策建议和方案。

二、坚持客户导向，服务教育发展

教育智库有较为明确的客户群体，并为其客户群体提供智库产品服务。也有研究将智库作为一个行业或产业，这个行业或产业有着明确的客户导向。对于教育智库而言，其生产的关于教育领域的知识或思想产品是要推向市场的，这个市场的客户有政府、学校、个人，也有其他的社会机构等。就政府层面而言，教育智库主要为政府提供破解国家、区域教育改革发展难题的原创性理论研究和对策研究成果。就学校而言，教育智库主要为学校改革和发展提供组织层面的建议，同时也为学校执行宏观教育政策提供组织行动层面的对策建议。就个人而言，教育智库主要为个人教育发展和投资决策提供咨询建议。因此，教育智库的客户导向在政府层面往往体现的是对国家或一个较大区域宏观教育政策的介入与参与；在学校层面体现的是为学校发展提供思想指引和行动建议；在个人层面体现的是个人教育投资建议和行动策略。教育智库的客户对象还包括非政府性质的机构，如一些国际组织等。总体而言，推进教育智库建设应坚持客户导向。大学是遗传和环境的产物，是无法在真空环境中存续与发展的。同理，教育智库也无法在真空环境中生存与发展。由于教育智库在组织机构定位上是提供决策咨询服务的一种专业性的机构，这就意味着教育智库有着非常明确的服务对象。因此，从这个意义上说，客户群体（或个人）对教育智库产品的需求是推动教育智库发展的社会因素，是教育智库的社会存在合法性的根源。而这个社会因素其实可以视为教育改革和发展的需求，正是这个需求催生了教育智库的产生，驱动了教育智库的发展。反过来，教育智库服务教育领域的改革发展需求，又促进了教育事业的发展。

因此，中国教育智库建设要坚持客户导向，努力服务教育发展。一方面，教育智库根据自身的类型与特点，明确自身的服务对象。如党政教育智库主要为教育部、教育厅等教育行政主管部门出思想、出蓝图和出方案；高校智库则在偏理论性的教育政策研究、教育理论研究和教育方法研究等方面进行探索，并结合国家、社会的教育需求提出相应的思想和策略。社会教育智库可根据自身的定位和研究重点为教育部、教育厅、教育局等教育行政主管部门提供决策咨询信息和建议，为民众提供个人教育投资决策建议等。另一方面，教育智库应根据其主要服务对象积极调整智库思想产品的生产方向。例如，作为党政教育智库的省级教育研究院（所）应根据本省域教育发展变化，适当地调整下属研究机构的职能或增设研究机构，以适应民众教育需求的变化。具体说来，有的省域在中外合作办学发展中较为迅速，且在发展过程中需要建立健全各种体制机制，那么就需要省级教育研究院（所）积极调整下属研究机构职能，为该省中外合作办学的良性发展出谋划策，提升其作为教育智库的客户服务能力。再如，随着人民生活水平的提高和人民对更优质教育的追求，社会教育智库通过调整机构的研究方向，可为民众提供更加多元、更加有针对性的决策咨询服务，以满足民众的需求，提高服务民众教育投资决策的能力。高校智库针对教育领域中更加复杂的教育问题，联合不同的机构，组建跨学科、跨区域的协同研究团队，为国家重大教育战略的制定开展有前瞻性的攻关研究。

第三节 发挥平台作用，深化国内交流和开展国际对话

一、深化国内交流，推动教育合作实践

教育智库有着专业优势、组织平台优势，它在教育交流合作、教育改革实践中都可以发挥重要的平台支持作用。教育智库，特别是重要的党政教育智库对国家、区域教育发展进程中的重大现实问题开展前瞻性、针对性、应用性的研究，为党和政府的科学民主决策提供智力支持，为教育发展所面临的重大现实问题提供思想和解决方案，为教育实践改革提供新理

论、新方法，从而推动教育强国及教育现代化的建设进程。从这个角度来看，教育智库对于党和政府的教育决策具有非常重要的思想库作用。要发挥好思想库作用，教育智库不能"孤军作战"，必须要深化国内交流，推动教育合作并助力于教育改革实践。

首先，教育智库要改变与国内其他智库、学术团体、大中小学等教育组织停留在参观考察与交流的观念，树立深度合作的理念，形成协同发展的机制。即教育智库不仅要与国内各教育智库、学术团体、大中小学进行交流、互通信息，而且要建立广泛和深入的联系，树立起深度合作的理念，联合开展重大教育现实问题的攻关，建立起常态化的协同发展机制。

其次，教育智库要以实际行动推动教育组织之间的合作。当前教育智库已经重视与大学、中小学等教育组织的交流，但现实中仍然存在着交流较多但合作不足、视察较多但指导不足的问题。教育智库一方面可与大学、中小学开展合作研究，共建研究基地、研究中心；另一方面要推动大学之间、中小学之间以及大学与中小学之间开展合作，为其合作提供必要的指导和支持。

再次，教育智库要注重对教育组织的教育改革和实践的指导作用，特别是党政教育智库要积极地对中小学的教育教学实践、校园文化建设等开展有针对性的指导，推动基础教育的改革与实践，扩大教育智库的服务范围，提高影响力。

二、开展国际对话，参与全球教育治理体系建设

在全球化时代，教育问题不是局限于一个国家或区域内的问题，往往是全球教育市场中的教育问题。习近平总书记在党的十九大报告中指出，"中国秉持共商共建共享的全球治理观"[①]。一方面，教育智库将自身发展融入国家教育事业的发展进程中，开展富有前瞻性的研究，服务于党和政府的教育决策，推动教育的科学发展。另一方面，教育智库要"积极向世界展示富有国际水准的研究成果，扩大辐射范围，提升国际影响力，在全球教育治理中发出强有力的中国声音，为全球教育问题的解决贡献中国智慧、

---

① 习近平.决胜全面建成小康社会 夺取新时代中国特色社会主义伟大胜利：在中国共产党第十九次全国代表大会上的报告［N/OL］.人民日报，2017-10-28（1）.

中国思路、中国方案"①。因此，中国教育智库建设应进一步深化对外开放，积极参与全球教育治理体系建设。具体而言，第一，中国教育智库要与海外教育智库机构建立广泛的联系，构建全球教育沟通合作的平台。第二，中国的教育智库应积极与其他国家的教育智库就共同面临的教育问题进行对话、交流、协商，增强互信以达成共识。第三，中国的教育智库需加强教育理论研究成果以及实践方案的交流与传播，以高质量的理论研究、理论创新成果和实践成果在全球教育理论体系中彰显影响力，为全球教育发展提供中国经验和中国智慧。第四，中国的教育智库要积极参与应对全球性教育问题，引导、参与国际教育规则的制定和教育体系的建设，提升国家的影响力。

---

① 刘璐璐，吴薇. 哪些因素影响了教育智库的影响力：基于全球 43 个教育智库的模糊集定性比较分析［J］. 中国高教研究，2021（3）：69-74.

参考文献

一、中文文献

［1］阿肖克·贾夏帕拉.知识管理:一种集成方法［M］.安小米,等译.北京:中国人民大学出版社,2013.

［2］安德鲁·里奇.智库、公共政策和专家治策的政治学［M］.潘羽辉,等译.上海:上海社会科学院出版社,2010.

［3］安淑新.国外智库管理运行机制及对我国的启示［J］.当代经济管理,2011,33(5):88-92.

［4］安淑新.加强我国智库内部管理的对策建议研究［J］.经济研究参考,2012(58):32-44.

［5］安新颖,钟华.科技监测的理论综述与应用系统对比分析［J］.情报理论与实践,2010,33(5):124-128.

［6］白娟.探索性分析在图书馆知识服务能力评价中的应用［J］.情报理论与实践,2015,38 (10):100-103,109.

［7］韦博·比克,罗兰·保尔,鲁德·亨瑞克斯.科学权威的矛盾性:科学咨询在民主社会中的作用［M］.施云燕,朱晓军,译.上海:上海交通大学出版社,2015.

［8］伯顿·R.克拉克.高等教育系统:学术组织的跨国研究［M］.王承绪,徐辉,殷企平,等译.杭州:杭州大学出版社,1994.

［9］财政部科研所课题组.政府购买公共服务的理论与边界分析［J］.财

政研究,2014(3):2-11.

[10]蔡海龙.教育体制改革中的高等学校公共性问题[J].中国教育法制评论,2010(8):50-64.

[11]曹健,孙会清,秦荣环,等.国外高校智库成果调查分析与启示[J].情报杂志,2016,35(8):59-64.

[12]曹如中,梁亚丽,宋雅雯,等.智库建设模式的国际比较及其启示[J].情报理论与实践,2018,41(5):97-103.

[13]陈升,郭金来,孟漫,等.社会智库运行机制与影响力:国内四个案例的比较研究[J].情报杂志,2018,37(9):1-6.

[14]陈升,孟漫.智库影响力及其影响机理研究:基于39个中国智库样本的实证研究[J].科学学研究,2015(9):1305-1312.

[15]陈逗逗,黄翠,梁慧刚,等.新形势下我国科技智库传播能力建设[J].科技传播,2016,8(1):1-3,18.

[16]陈娟,李建清.开放式高校智库平台研究:以英国兰卡斯特大学大创新中心为例[J].科学管理研究,2015,33(2):117-120.

[17]陈乐.知识生产模式转型驱动下研究型大学改革路径研究[J].高校教育管理,2019,13(3):10-18,60.

[18]陈力丹.舆论学:舆论学导向研究[M].北京:中国广播电视出版社,2005.

[19]陈楠.公共图书馆参与中国特色新型智库建设的实践研究:以陕西省图书馆为例[J].图书馆学刊,2019,41(8):50-57.

[20]陈巧玲.新时代高校智库定位与发展策略[J].教育评论,2018(6):8-12.

[21]陈先才.台湾地区智库研究[M].北京:九州出版社,2015.

[22]陈英霞,刘昊.美国一流高校智库人员配置与管理模式研究:以斯坦福大学胡佛研究所为例[J].比较教育研究,2014(2):66-71.

[23]陈静,陈茫.新型智库情境下高校智库服务的过程及机制研究[J].图书馆,2020(10):53-60.

[24]程星.世界一流大学的管理之道:大学管理决策与高等教育研究[M].北京:北京大学出版社,2011.

［25］初景利,栾瑞英,孔嫒.国外高水平高校智库运行机制特征剖析［J］.图书馆论坛,2018,38(4):8-16.

［26］储节旺,朱丽梅.服务于创新驱动发展战略的社会智库运行机制研究［J］.图书馆理论与实践,2019(6):51-54,105.

［27］褚照锋,李明忠.智库背景下高等教育研究机构的组织特征、职能使命及发展对策［J］.高校教育管理,2018,12(5):71-78.

［28］邓睿.国内高校智库研究主题聚焦与趋势:基于2011-2020年CSSCI收录文献的知识图谱分析［J］.中国高校科技,2021(Z1):61-65.

［29］丁虎生.大学组织的结构要素与结构形式［J］.西北师大学报(社会科学版),2012,49(6):113-119.

［30］丁明春,任恒.基于知识图谱的国内高校智库研究可视化分析［J］.图书馆,2019(7):34-41.

［31］董成颖,李刚.改革开放以来中国智库研究综述［J］.情报探索,2017(12):1-11.

［32］董石桃,刘勇.美国高校智库国际化发展及其启示:基于普林斯顿大学威尔逊公共与国际事务学院的考察［J］.比较教育研究,2016,38(3):46-53,60.

［33］董文轩,晏裕生,孙孟阳,等.数据驱动的国外防务智库建设实践［J］.智库理论与实践,2020,5(2):58-62,76.

［34］董晓波,胡波.高校智库建设:国际视野中的经验与启示［N］.中国社会社科报,2019-01-10(002).

［35］杜宝贵,隋立民,任立云.我国高校智库协同建设路径探析［J］.现代教育管理,2014(4):9-12.

［36］杜宝贵,孙萍.论我国科技政策研究的路径重构［J］.科学管理研究,2006,24(3):52-54.

［37］段鹏飞.大数据时代智库建设的智慧化研究［J］.智库时代,2018(39):183-184.

［38］冯雅,李刚.新型智库传播现状与优化策略研究:基于CTTI来源智库媒体影响力的实证分析［J］.图书与情报,2019(3):20-28.

［39］弗里曼.利益相关者理论现状与展望［M］.盛亚,等译.北京:知识产

权出版社,2013.

[40] 符宁.中国新型高校智库面临的挑战与突破路径[J].黑龙江高教研究,2019,37(5):67-70.

[41] 付聪,尹贻林.浅析科技政策系统的风险因素[J].现代管理科学,2009,28(4):56-58.

[42] 古斯顿.在政治与科学之间:确保科学研究的诚信与产出率[M].龚旭,译.北京:科学出版社,2011.

[43] 谷贤林.利己抑或利他:美国基金会教育援助动机及其策略分析[J].清华大学教育研究,2018,39(3):28-33.

[44] 谷贤林.智库对美国基础教育政策的影响:以斯坦福大学胡佛研究所为例[J].外国教育研究,2019,46(5):41-51.

[45] 谷贤林.大学智库的成功之道:以斯坦福大学胡佛研究所为例[J].比较教育研究,2017,39(12):67-74.

[46] 谷贤林,邢欢.美国教育智库的类型、特点与功能[J].比较教育研究,2014,36(12):1-6.

[47] 顾海良.新型智库建设与思想力量彰显[J].人民论坛,2014(9):38-41.

[48] 关琳.新型智库政策影响力实证分析:基于"CTTI"内参与批示数据的计量研究[J].江苏高教,2019(10):46-51.

[49] 郭华桥.研究型大学智库建设模式与困境突围:基于"学者"使命的视角[J].中国高教研究,2014(5):50-57.

[50] 郭婧.英国高校教育智库运作模式及资源保障研究:以伦敦大学教育学院为例[J].中国高教研究,2014(9):71-76.

[51] 郭瑞.高校智库运行机制研究的价值审视与逻辑路向:基于我国智库研究文献的分析[J].高校教育管理,2016,10(6):62-69.

[52] 国务院发展研究中心赴韩国智库专题调研考察团.韩国智库考察报告[J].中国发展观察,2013(12):35-39.

[53] 韩锋.新加坡智库的现状、特点与经验[J].东南亚研究,2015(6):4-9.

[54] 韩国现代中国研究会.韩国教育开发院[J].当代韩国,1996

（1）:62-64.

［55］韩俊魁.当前我国非政府组织参与政府购买服务的模式比较［J］.经济社会体制比较,2009(6):128-134.

［56］韩万渠.中国高校智库的组织变迁、发展困境与对策研究［J］.高教探索,2016(5):21-26.

［57］何立,凌文辁.企业组织智力系统的作用机制［J］.经济管理,2011(9):75-80.

［58］贺德方.基于事实型数据的科技政策理论与方法研究［J］.情报学报,2011,30(9):899-906.

［59］赫尔曼·哈肯.协同学［M］.凌复华,译.上海:上海译文出版社,2013.

［60］亨利·明茨伯格,约瑟夫·兰佩尔,詹姆斯·布赖恩·奎因,等.战略过程:概念、情境、案例［M］.4版.徐二明,译.北京:中国人民大学出版社,2012.

［61］侯定凯.如何培养智库人才:对美国知名高校智库的考察［J］.高等教育评论,2015(2):1-14.

［62］侯定凯.人文社会科学的知识转化机制探析:兼论优质大学智库的培育［J］.复旦教育论坛,2011,9(5):33-38.

［63］侯定凯,朱红蕊."相互妥协"或"相得益彰"?反思高校智库与学科发展的关系［J］.高校教育管理,2019,13(1):26-35.

［64］胡鞍钢.建设中国特色新型智库:实践与总结［J］.上海行政学院学报,2014,(2):4-11.

［65］胡光宇.大学智库［M］.北京:清华大学出版社.2015.

［66］胡海鹏,袁永.我国科技决策智库体系及内部运行机制研究［J］.科技管理研究,2020,40(4):34-39.

［67］胡钰,赵平广.中国智库传播力的评价与提升:以中信改革发展研究基金会为例［J］.现代传播,2020,42(1):78-83.

［68］胡园园,顾新,王涛.知识链关系治理机制及其对组织合作绩效影响［J］.科研管理,2018,39(10):128-137.

［69］黄如花,李白杨,饶雪瑜.面向新型智库建设的知识服务:图书情报

机构的新机遇[J].图书馆,2015(5):6-9.

[70] 黄晓斌,罗海媛.兰德公司的信息保障体系建设及启示[J].情报理论与实践,2019,42(12):24-29.

[71] 黄彦敏,孙成权,吴新年.国内外科技战略情报研究现状及我国的发展建议[J].图书与情报,2007,27(1):86-88.

[72] 计永超,刘莲莲.新闻舆论引导力:理论渊源、现实依据与提升路径[J].新闻与传播研究,2016,23(9):15-26.

[73] 贾品荣,伊彤.国家科技政策智库咨询能力建设的路径模式[J].情报杂志,2017,36(1):59-65.

[74] 贾西津.民办思想库:角色、发展及其规制[J].探索与争鸣,2007(10):34-38.

[75] 江苏大学.教育教学研究与评估中心简介[EB/OL].[2021-7-9].https://gjs.ujs.edu.cn/bmgk/bmjj.htm.

[76] 姜朝晖.中国特色新型高校智库:内涵、特征及定位[J].高校教育管理,2016,10(2):55-60.

[77] 蒋晓飞.日韩智库比较及其对中国特色新型智库的启示[J].法制与社会,2016(19):248-249,265.

[78] 教育部.深入学习习近平关于教育的重要论述[M].北京:人民出版社,2019.

[79] 杰勒德·德兰迪.知识社会中的大学[M].黄建如,译.北京:北京大学出版社:2010.

[80] 金晨.我国高校智库影响力及其提升研究:基于一流高校智库的分析[J].中国高教研究,2019(7):63-69.

[81] 约翰·W.金登.议程、备选方案与公共政策[M].2版.丁煌,方兴,译.北京:中国人民大学出版社,2017.

[82] 金福.知识型组织智力资源管理[M].北京:科学出版社,2011.

[83] 金福,王前.知识型组织智力资源管理新论[J].科学学研究,2006(8):591-596.

[84] 金家厚.民间智库发展:现状、逻辑与机制[J].行政论坛,2014(1):56-61.

［85］金志峰.新型高校智库多元化人才管理机制探析:美国的经验与启示［J］.中国行政管理,2019,(3):148-154.

［86］靳诺.中国特色新型高校智库的建设和发展［J］.中国高等教育,2019(20):4-6.

［87］康相武.典型国家(或地区)科技规划制定及管理的比较研究［J］.中国软科学,2008,23(12):148-152.

［88］柯平.后知识服务时代:理念、视域与转型［J］.图书情报工作,2019,63(1):36-40.

［89］柯银斌,赵新利.民间智库察哈尔学会的对外传播［J］.对外传播,2012(3):25-26.

［90］孔媛,李宏.高校智库与母体高校间互动关系浅析及建议［J］.智库理论与实践,2017,2(3):1-9.

［91］兰杰·古拉蒂,安东尼·J.梅奥,尼汀·诺里亚.管理学［M］.杨斌,译.北京:机械工业出版社,2014.

［92］雷佳丽,郑军卫.智库评价与智库建设间关系及思考［J］.情报科学,2020,38(2):102-108.

［93］李刚.创新机制、重心下移、嵌入决策过程:中国特色新型智库建设的"下半场"［J］.图书馆论坛,2019,(3):29-36.

［94］李刚.外延扩张与内涵发展:新型智库的路径选择［J］.智库理论与实践,2016,1(4):5-10,19.

［95］李刚.高校新型智库治理与营运［J］.决策与信息,2018(11):37-45.

［96］李纲,李阳.情报视角下的智库建设研究［J］.图书情报工作,2015,59(11):36-41,61.

［97］李刚,王斯敏,邹婧雅.CTTI智库报告［M］.南京:南京大学出版社,2018.

［98］李国强,徐蕴峰.学习习近平"智库观",推动中国智库建设健康发展［J］.智库理论与实践,2017,2(2):1-10.

［99］李国强.对"加强中国特色新型智库建设"的认识和探索［J］.中国行政管理,2014(5):16-19.

[100] 李建军,崔树义.世界各国智库研究[M].北京:人民出版社,2010.

[101] 李晶,刘晖.旋转门:高校智库服务政府决策的制度创新[J].教育发展研究,2018(7):53-57,84.

[102] 李晶,钟嘉仪.高校智库参与政府决策的价值、困境与实现路径[J].现代大学教育,2019(6):86-92.

[103] 上海社会科学院智库研究中心项目组.中国智库影响力的实证研究与政策建议[J].社会科学,2014(4):4-21.

[104] 李凌.智库产业——演化机理与发展趋势[M].北京:生活·读书·新知三联书店,2012.

[105] 李蒙,余宏亮,李永周,等.高校智库人才影响力评价体系建设与启示:基于湖北57所高校研究基地智库人才的调查[J].中国科技论坛,2018(9):134-140.

[106] 李明忠,杨丽娜,李盼盼,等.我国优秀高等教育研究机构的主要特征[J].高等教育研究,2018,39(12):34-46.

[107] 李品,许林玉,杨建林.面向智库服务的情报研究[J].情报学报,2020,39(2):135-147.

[108] 李清刚,赵敏.新型教育智库咨政建言受阻的成因与破解策略[J].教育研究与实验,2017(6):61-65.

[109] 李清刚.论高校教育智库的善治与监管[J].高教探索,2019(2):29-34.

[110] 李伟.社科智库信息服务联盟建设研究[J].知识经济,2015(21):7-8.

[111] 李伟.智库如何做好公共政策评估[J].山东经济战略研究,2015(10):46-49.

[112] 李逸丹.面向智库建设的图书馆知识服务模式构建及创新路径探讨[J].中国中医药图书情报杂志,2019,43(3):33-36.

[113] 李印.建设中国特色高校智库的思考与建议[J].情报杂志,2017,36(6):45-49,77.

[114] 李永先,吕诚诚.基于利益相关者理论的智库舆论影响力研究[J].情报资料工作,2018(1):39-44.

［115］里昕.新科技在智库中的运用:以媒体智库为例［J］.智库理论与实践,2020,5(5):48-54.

［116］里昕.社会组织视域下的社会智库:身份定位与发展特征［J］.智库理论与实践,2019,4(2):7-13.

［117］里昕.中国媒体智库的发展特色及发展建议［J］.智库理论与实践,2017,2(5):42-49.

［118］理查德·惠特利.科学的智力组织和社会组织［M］.赵万里,等译.北京:北京大学出版社,2011.

［119］梁林海,孙俊华.知识管理［M］.北京:北京大学出版社,2011.

［120］林辉煌.高校智库建设:制度困境与政策重构:基于北京、上海、广州的田野调研［J］.云南行政学院学报,2018(5):141-147.

［121］林曦.企业利益相关者管理:从个体、关系到网络［M］.大连:东北财经大学出版社,2010.

［122］林忠,吴钟海,曹丽娜.情境智力观下的组织智力研究假设与研究思路设计［J］.中国软科学,2011(11):117-132.

［123］刘德海.新型智库体系的内涵特征与建构思路［J］.智库理论与实践,2017,2(4):1-8.

［124］刘福才,张继明.高校智库的价值定位与可持续发展［J］.教育研究,2017,38(10):59-63,75.

［125］刘红春.我国社会智库健康发展的几个思路［J］.理论探索,2017(3):115-121.

［126］刘金松.我国新型高校智库专业化发展:内涵、困境与对策［J］.教育发展研究,2016,36(13):42-47.

［127］刘璘琳.高校跨学科协同教学模式的运行机理与实现策略:知识共享的视角［J］.重庆高教研究,2018,6(3):107-116.

［128］刘美玉.企业利益相关者共同治理与相互制衡研究［M］.北京:北京师范大学出版社,2010.

［129］刘伟东.社会科学院图书情报机构服务智库研究［J］.情报资料工作,2020,41(5):23-30.

［130］刘西忠.从民间智库到社会智库:理念创新与路径重塑［J］.苏州

大学学报(哲学社会科学版),2015,36(6):21-26.

[131]刘晶.高校智库的"边界工作"内容与机制[J].中国高教研究,2021(7):42-48.

[132]刘亦凡.如何完善公共卫生人才培养[EB/OL].(2020-03-25)[2020-04-06].http://www.jyb.cn/rmtzgjyb/202003/t20200325_310379.html.

[133]隆国强.加强智库建设提升国家巧实力[EB/OL].(2016-7-1)[2020-4-6].http://www.china.com.cn/cppcc/2016-07/01/content_38789791_2.htm.

[134]卢小宾,黎炜祎.基于品牌竞争力的社会智库发展模式[J].情报资料工作,2018(2):92-96.

[135]南京大学中国智库研究与评价中心,光明日报智库研究与发布中心联合课题组.2018CTTI高校智库及"高校智库百强榜"报告[N/OL].光明日报,2019-01-07(2).

[136]陆国平,江莹,李松.研究型大学与思想库[J].高等教育研究,2001,22(6):49-52.

[137]吕雪峰.新时代社会智库建设历程、当前趋势和转型:上海经验[J].重庆社会科学,2019(1):118-127.

[138]萨拜因·马森,彼德·魏因加.专业知识的民主化?:探求科学咨询的新模式[M].马晓琨,秦兰,译.上海:上海交通大学出版社,2010.

[139]迈克尔·吉本斯.知识生产的新模式:当代社会科学与研究的动力学[M].陈洪捷,等译.北京:北京大学出版社,2011.

[140]孟宪斌.智库成果与政府决策的良性互动:基于"需求侧—供给侧"的双重反思[J].天津行政学院学报,2019(6):19-27.

[141]苗绿.中国社会智库的政策影响机制分析——以中国与全球化智(CCG)推动国际人才相关政策为例[J].智库理论与实践,2016,1(5):71-77.

[142]苗绿,王辉耀.社会智库如何利用运营机制创新促进发挥政策影响力[J].中国科学院院刊,2016,31(8):888-895.

[143]苗树彬.努力建设高端社会智库[J].中国党政干部论坛,2015(1):21-24.

［144］莫蕾钰.后"985""211"时代普通高校发展的契机与核心竞争力构建［J］.重庆高教研究,2015,3(3):34-39.

［145］彭召波,倪娟.高校应对重大突发公共卫生事件的实践和经验:以江苏省为例［J］.中国高校科技,2020(5):17-20.

［146］钱旭升,李志超.教育智库的逻辑起点、功能与机制建构［J］.当代教育与文化,2020,2(1):12-16.

［147］秦惠民,解水青.我国高校智库建设相关问题及对策研究［J］.中国高校科技,2014(4):15-20.

［148］全守杰,马志强.扎根理论视角下协同创新中心的组织智力特征研究［J］.科技进步与对策,2017,34(1):20-24.

［149］全守杰,王运来.高校智库的涵义与特征［J］.现代教育管理,2016(1):38-42.

［150］饶伟国.公共组织智力资本配置之道［M］.北京:北京大学出版社,2013.

［151］任福兵,王玉梅."双一流"建设驱动下的高校决策层智库型服务需求体系研究［J］.情报理论与实践,2019,42(8):33-37.

［152］任恒.政府购买社会智库服务的现实困境及其优化路径探讨［J］.北京工业大学学报:社会科学版,2017,17(4):39-46.

［153］保罗·A·萨巴蒂尔.政策过程理论［M］.彭宗超,钟开斌,等译.北京:生活·读书·新知三联书店,2004.

［154］上海社会科学院.上海社会科学院发布《2018 年中国智库报告》［EB/OL］.(2019-03-19)［2020-09-25］.https://ctts. sass. org. cn/2020/0701/c1987a84693/page. htm.

［155］申静,于梦月.提升我国党政智库知识服务能力［N/OL］.中国社会科学报,2021-03-11(2).

［156］施蕾蕾.传播学视域下媒体型智库的产生和发展解析［J］.传媒观察,2018(5):39-44.

［157］施蕾蕾.研究与传播的融合:新时期媒体型智库成果生产模式分析［J］.情报杂志,2019,38 (6):187-193,173.

［158］石中英.教育哲学［M］.北京:北京师范大学出版社,2007.

[159] 史斌,王玲.中国高水平大学智库的遴选方案与特征分析[J].浙江工业大学学报:社会科学版,2016,15(4):439-445.

[160] 孙瑞英.我国高校智库联盟"共建共享,内聚外联"的博弈分析与激励路径研究[J].情报理论与实践,2019(6):49-55.

[161] 谭锐.中美智库"旋转门"机制的对比分析[N/OL].中国社会科学报,2020-08-06(2).

[162] 谭燕.组织要素与要素管理三维度[J].现代管理科学,2007(3):43-45.

[163] 陶芳标,马骁,杨克敌.公共卫生学概论[M].北京:科学出版社,2009.

[164] 童正容,张良强.台湾地区科技智库发展现状及对大陆科技智库建设的启示[J].科技进步与对策,2015,32(15):32-36.

[165] 汪锋.交互嵌入:一种大学智库参与决策咨询的理想制度模式[J].中国高教研究,2018(11):85-90.

[166] 王栋.社会智库参与政府决策:功能、环境及机制[J].理论月刊,2015(10):140-145.

[167] 王保华,张婕."智库"与专业化:关于高教研究机构作用与发展道路的思考[J].中国高教研究,2009(11):35-37.

[168] 王春法.美国思想库的运行机制研究[J].中国党政干部论坛,2004(2):29-41.

[169] 王栋.我国社会智库治策路径:深化改革与转轨突破[J].湖南社会科学,2018(6):76-82.

[170] 王栋.民间智库融入公民社会:规范分类的逻辑进路[J].行政论坛,2015(4):80-85.

[171] 王凤满.我国高校图书馆智库型服务体系研究[J].图书情报工作,2015,59(23):45-50.

[172] 王桂侠,万劲波.基于政策过程的智库影响力作用机制研究[J].中国科技论坛,2018(11):151-157.

[173] 王桂侠,万劲波.智库运行机理和信息运行机制研究[J].情报科学,2016,34(5):15-18,152.

[174] 王辉耀,苗绿,邓莹.中国社会智库的运营创新探析[J].智库理论与实践,2016,1(12):55-62.

[175] 王金照,赵彬,钱越,等.党的领导与中国特色党政智库建设[J].中国领导科学,2018(6):35-39.

[176] 王健.论中国智库发展的现状、问题及改革重点[J].新疆师范大学学报:哲学社会科学版,2015,36(4):29-34.

[177] 王建梁,郭万婷.我国教育智库建设:问题与对策[J].教育发展研究,2014,34(9):1-6.

[178] 王莉丽.中国智库建设面临的问题与建议[N/OL].学习时报,2017-06-26(6).

[179] 王莉丽.旋转门:美国思想库研究[M].北京:国家行政学院出版社,2010.

[180] 王莉丽.智力资本:中国智库核心竞争力[M].北京:中国人民大学出版社,2015.

[181] 王莉丽.美国智库的"旋转门"机制[J].国际问题研究,2010(2):13-18.

[182] 王莉丽.智库公共外交:概念、功能、机制与模式[J].中国人民大学学报,2019,33(2):97-105.

[183] 王敏.中国特色新型智库网络传播现状及改进建议:以智库网站建设为例[J].智库理论与实践,2019,4(3):40-47.

[184] 王佩亨,李国强.海外智库:世界主要国家智库考察报告[M].北京:中国财政经济出版社,2014.

[185] 王绍光,樊鹏.政策研究群体与政策制定:以新医改为例[J].政治学研究,2011(2):36-50.

[186] 韦岚,全守杰.中国一流高校智库的组织要素与运行机制:基于中国6家一流高校智库的分析[J].高校教育管理,2017,11(5):81-87.

[187] 魏训鹏,费坚.我国高校智库的组织再造与运行机制研究[J].高教探索,2018(9):12-16.

[188] 文少保.高校智库服务教育综合改革的价值、困境与实现路径[J].高教探索,2015,4(12):24-27.

［189］文少保.高校智库服务政府决策的逻辑起点、难点与策略:国家治理能力现代化的视角［J］.中国高教研究,2015(1):34-38,44.

［190］吴娣妹.面向高校智库的知识服务模式研究［D］.合肥:安徽财经大学,2018.

［191］吴合文.中国特色高校智库运行的政策定位［J］.高教探索,2017(7):12-18.

［192］吴雅威,张向先,卢恒.国外一流智库的数据管理模式解析及其启示［J］.情报杂志,2020,39(11):126-133,164.

［193］吴艳东,吴兴德.美国智库参与国家意识形态治理的路径及其对中国特色新型智库建设的启示［J］.重庆大学学报(社会科学版),2020,26(2):96-107.

［194］吴育良.国外智库信息服务的分析及启示［J］.情报杂志,2015(2):188-193.

［195］武欣.创新政策:概念、演进与分类研究综述［J］.生产力研究,2010,25(7):249-251.

［196］斯蒂芬·希尔加德纳.在科学的舞台上:作为公共戏剧的专家咨询［M］.赵延东,译.上海：上海交通大学出版社,2015.

［197］夏婷.科技创新智库运行机制研究:以中国科协创新战略研究院为例［J］.科协论坛,2018(12):31-35.

［198］夏烨,刘岩,霍速.吉林省高校智库联盟构建研究［J］.图书馆学研究,2019(9):60-66.

［199］新华社.关于社会智库健康发展的若干意见［EB/OL］.(2017-05-04)［2020-05-28］.http:／/www. gov. cn /xin wen /2017-05 /04 /content_5190935. htm.

［200］徐维英,田晓明.高校智库建设的独特优势与问题［J］.江苏高教,2016(2)：54-56.

［201］徐维英.建设新型高校智库应处理好的关系［J］.高教学刊,2016(23)：3-5.

［202］徐晓虎,陈圻.中国智库的基本问题研究［J］.学术论坛,2012(11):178-184.

［203］徐晓虎,陈圻.智库研究的历史演进及其趋势［J］.重庆社会科学,2011(8):105-108.

［204］许共城.欧美智库比较及对中国智库发展的启示［J］.经济社会体制比较,2010(2):77-83.

［205］薛澜.智库热的冷思考:破解中国特色智库发展之道［J］.中国行政管理,2014(5):6-10.

［206］燕玉叶.如何建设中国高校智库:美国加州大学21世纪中国研究中心光磊主任访谈与启示［J］.高校教育管理,2015,9(2):16-23.

［207］杨再峰,赵晓声,司晓宏,等.对新型高校智库建设的若干思考［J］.中国高校科技,2016(7):52-54.

［208］杨家鑫,张璐,申静.基于客户需求的中国高校智库知识服务发展路径探究［J］.技术经济,2019,38(9):50-57,112.

［209］杨思洛,冯雅.中国智库网络影响力分系统对比评价研究［J］.重庆大学学报(社会科学版),2017,23(2):68-78.

［210］杨玉良.大学智库的使命［J］.复旦学报:社会科学版,2012(1):1-4.

［211］叶怀凡.美国布鲁金斯学会对高校智库建设的启示［J］.高教探索,2019(11):64-69,77.

［212］余晖,刘福才.英国高校智库:功能定位、运行机制和服务模式［J］.比较教育研究,2018,40(12):59-66.

［213］苑野,董新凯.新时代高校智库建设应当坚持的五个维度［J］.江苏高教,2019(10):41-45.

［214］詹姆斯·G.麦甘.智库报告［M］.上海:上海社会科学院出版社,2014.

［215］张宏宝.从"规模扩张"到"内涵提升":高校智库知识供给范式转型［J］.教育发展研究,2017(3):8-13.

［216］张骏.智库与政府关系的调整与探索:以日本、韩国和新加坡智库为例［J］.智库理论与实践,2017,2(3):64-70.

［217］张宇,任福兵,张莲萍.高校智库管理运作与发展策略研究:中观管理层面透视［J］.中国高校科技,2020(5):35-39.

［218］张志强,苏娜.国际智库发展趋势特点与我国新型智库建设［J］.

智库理论与实践,2016,1(1):9-23.

[219] 张志强.世界百年未有之大变局与智库使命和智库建设[J].智库理论与实践,2020,5(4):1-12.

[220] 中国网.智库要有自己的独立价值和社会责任[EB/OL].(2016-10-26)[2017-03-20].http://www.china.com.cn/opinion/think/2016-10/26/content_39570057.htm.

[221] 钟裕民,陈宝胜.地方公共决策的有效参与:基于温州民间智库的经验研究[J].中国行政管理,2015(8):110-115.

[222] 周丽,余敏江.政府购买社会智库服务的必要性与制度供给[J].南京社会科学,2016(10):77-82,103.

[223] 周志忍,李乐.循证决策:国际实践、理论渊源与学术定位[J].中国行政管理,2013,342(12):23-27.

[224] 朱宏亮,蒋艳.中国高校智库发展现状与未来策略思考[J].高校教育管理,2016,10(2):47-54.

[225] 朱虹.探索高水平中国特色新型智库建设道路[J].江西社会科学,2014(1):5-12.

[226] 朱建波,孙煜,吴绍山.新型智库体系的运行和保障机制研究[J].智库理论与实践,2017,2(4):16-22.

[227] 朱旭峰.构建中国特色新型智库研究的理论框架[J].中国行政管理,2014(5):29-33.

[228] 朱旭峰.国家品牌建构中的智库角色[J].对外传播,2020(2):46-47.

二、英文文献

[1] Altbach P G. The International Perspective [J]. New Directions for Institutional Research,1976(2):57-68.

[2] Anssi S. The Knowledge System of A Firm: Social Capital for Explicit, Tacit and Potential Knowledge [J]. Journal of Knowledge Management, 2008,12(1):63-77.

[3] Antonietta G, Gregorio C. Collective Intelligence in Organizations: Tools

and Studies [J]. Computer Supported Cooperative Work, 2012, 21 (4/5) : 357 – 369.

[4] Carroll A B, Näsi J. Understanding Stakeholder Thinking Themes from A Finnish Conference[J]. Business Ethics, 1997, 6 (1) : 46–51.

[5] Bontis N. Intellectual Capital: An Exploratory Study that Develops Measures and Models [J]. Management Decision, 1998, 36(2) : 63–76.

[6] Jones B. Knowledge Capitalism [M]. New York: Oxford University Press, 1999.

[7] Alpaslan C M, Green S E, Mitroff I I. Corporate Governance in The Context of Crises: Towards A Stakeholder Theory of Crisis Management [J]. Journal of Contingencies and Crisis Management, 2009, 17(1) : 38–49.

[8] Choo C. Information Management for The Intelligent Organizations: Roles and Implications for The Information Professions [M]. Singapore: Digital Libraries Conference, 1995.

[9] Ablson D E. Old World, New World: The Evolution and Influence of Foreign Affairs Think Tanks [J]. International Affairs, 2014, 90(1) : 125–142.

[10] Ercetin, Sule S. Action Research, Organizational Intelligence, Curriculum Development [J]. Educational Research Quaterly, 2002, 26(1).

[11] Halal W. Organizational Intelligence: What is it, and How Can Managers Use it to Improve Performance? [J]. Knowledge Management Revoew, 1998 (1).

[12] McLevey J. Think Tanks, Funding, and The Politics of Policy Knowledge in Canada [J]. Canadian Review of sociology, 2014, 51(1) : 54–75.

[13] Mahmood A. US Thank Tanks and The Politics of Expertise: Role, Value and Impact [J]. The Political Quarterly, 2008, 79(4) : 529–555.

[14] Hart P, Uromen A. A New Era for Think Tanks in Public Policy? International Trends, Australian Realities[J]. Australian Journal of Public Administration, 2008, 67(2) : 135–148.

[15] Freemon R E, Hamson J S, Wicks A C, et al. Stakeholder Theory: The State of the Art [M]. Cambridge : Cambridge University Press, 2010.

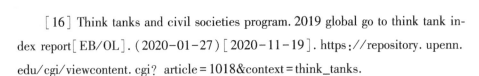

［16］Think tanks and civil societies program. 2019 global go to think tank index report［EB/OL］.（2020-01-27）［2020-11-19］. https：//repository. upenn. edu/cgi/viewcontent. cgi？ article＝1018&context＝think_tanks.

［17］TTCSP. 2019 Global go to think tank index report［EB/OL］.（2020-06-18）［2021 -1 -30］. http：/ /repository. upenn. edu /think_tanks/17 /.

［18］Zhu X F. The influence of think tanks in the Chinese policy process：differentways and mechanisms［J］. Asian Survey,2009,49(2) .

后 记

　　教育智库的建设问题已经备受理论界和实践界的关注。就理论研究而言,不同的理论视角对教育智库的探索角度是不一样的。本研究认为教育智库的组织建设对于教育智库的发展来说是至关重要的。目前国内外的教育智库建设都在不同程度上注重其组织建设。因此,本研究在对国内外已有研究文献进行回顾的基础上,探讨了教育智库的功能、类型和特性,并选取国内外教育智库案例进行分析探讨,力图说明和论证理论上的论述,力争为在实践中对推进教育智库建设提供一定的借鉴思路。当然,本研究中的理论分析和案例分析更多的是基于作者本人关于教育智库组织建设的研究视角。因此,在教育智库的功能、类型和特性的理论探讨中,难免有缺陷。

　　硕士研究生柳思睿、陆钟琪、张浩茹、程诚与周耀星在本研究的资料收集与文献整理方面做了大量的工作,使得本研究有丰富的文本资料。正是由于他们的帮助,本研究才有了"接地气"的案例分析,也因此促使本研究不断地向前推进,直至完成。

　　本书系国家社科基金(教育学)项目"普及化时代中国高等教育转型与体系优化研究"(编号 BIA210160)、广东省哲学社会科学规划项目"粤港澳大湾区建设背景下广东高职教育生态系统的优化方略研究"(编号 GD20XJY60)、江苏省教育科学规划重点资助项目"教师胜任力导向的教育硕士实践能力培养体系研究"(编号 Ca20200103)、江苏高校哲学社会科学项目"基于大数据的新时代高等教育'江苏特色'研究"(编号 2020SJA2046)和广东省教育科学规划项目"新时代高校教师教学胜任力的培养机制与实施路径研究"(编号

2021GXJK343）的成果之一。在此对课题组的支持表示感谢。

　　南京大学教育研究院王运来教授在本书的智库理论研究方面给予了指导与帮助,广东技术师范大学教育科学与技术学院的领导对本书的出版给予了关心,江苏大学出版社吴春娥老师为本书的出版做了大量的工作,在此表示感谢!

全守杰
2021 年 8 月